정운용의 한국 농식품 중국진출기

生우유를
수출하다니요?

정운용의 한국 농식품 중국진출기

生우유를
수출하다니요?

농민신문사

책을 펴내며

　수출전략처장을 끝으로 aT(한국농수산식품유통공사)를 정년퇴직하면서 우리 농식품의 해외시장 개척을 지원하며 보낸 지난 시간들을 개인적인 기억으로 남기며 마무리하려고 하였다. 특히 정부차원의 공식적인 마케팅 지원을 통해 우리 농식품의 중국 수출 길을 처음으로 열어갔다는 것, 그 자체로 만족하고 충분히 보람 있는 삶이었다고 생각했기 때문이다.

　그러나 aT를 퇴직한 후 그간의 근무 경험을 바탕으로 농식품 중국수출 강의를 자주 진행하게 되면서, 한국의 중소 식품 기업들이 얼마나 중국 시장에 진출하고 싶어 하는지 새삼 깨닫게 됐다. 이에 한국 식품의 중국 수출 마케팅 지원에 관한 나의 짧은 경험이 어찌 보면 대수롭잖은 근무 경험에 불과할 수도 있지만, 중국을 처음 접하는 업체들에게는 도움이 될 수도 있겠다는 생각이 들었다. 특히 우수한 우리 농식품이 보다 많이 중국시장에 진출하기를 바라는 마음에서 이 책을 펴내기로 마음먹었다.

　지금은 중국 시장이 세계 최대, 무한한 가능성을 지닌 성장의 보고라는 것에 많은 분들이 공감할 것이다. 전 세계에서 가장 매력적인 시장인 중국을 지척에 두고 있는 우리는 어떤 면에서는 행운이라고도 할 수 있다.

　하지만 중국으로 진출하려는 국가와 상품이 늘어날수록, 중국 정부의 보호 장벽 또한 점점 높아가고 있다.

따라서 아무런 준비 없이 무작정 중국시장에 뛰어드는 것도 안 될 일이지만, 위험부담만 생각하며 지척에 있는 엄청난 기회를 놓치는 것 또한 어리석은 일이다. 아이디어와 품질을 갖췄다면 중국시장을 정확히 파악하고 수출의 길을 모색해 볼 필요가 있다.

　농식품 수출 지원기관에서 오랫동안 근무하면서 다수의 농식품 중국수출을 실행한 경험자로서, 중국시장에서 한국 농식품이 얼마나 유망한지 이 책을 통해 알리고자 한다.

　중국 근무 체험담을 위주로 다룬 1부와 함께, 중국 수출에 앞서 우리가 알아야 할 것들과 실제 수출을 추진할 때의 절차와 방법을 2부에 담았다. 분야별 유망한 농수산 식품과 마케팅 방법, 정부와 관계 기관의 지원을 활용하는 팁도 소개한다.

　국내에만 머물기엔 아까운 유망한 농식품 업체들이 부족한 글이나마 이 책을 통해 중국 수출에 자신감을 가졌으면 하는 바람이다.

정운용

추천의 글

흔히들 농업을 '생명산업'이며, 인류의 미래가 농업에 달려 있다고들 말합니다.

그러나 이 나라 대한민국 농업의 현실은 농업인구 감소와 농가소득 정체가 말해 주듯이 그 위상이 급격하게 추락하고 있으며, 세계화와 자유무역 기조 확대에 따른 시장개방 압력으로 우리 농산물의 입지 또한 크게 흔들리고 있습니다.

이렇게 어려운 현실을 극복하고 우리나라 농업을 선진국 반열에 올려놓기 위해서는 스마트팜 확대와 농업의 6차산업화는 물론, 농식품의 수출 확대 등 소비시장을 넓혀 나가는 전략이 절실히 필요한 때 입니다.

그 중에서도 우리 농식품은 고품질과 안정성이라는 경쟁력을 갖추고 있기에 해외 프리미엄 시장을 중심으로 적극적인 진출이 필요하며, 특히 세계 최고의 인구와 소비 규모를 자랑하는 중국은 지리적 근접성과 유사한 기후 등으로 한국의 농식품이 반드시 진출해야 하는 중요한 수출 시장 입니다.

그러나 국경을 넘어 해외시장에 농산물을 판매한다는 것은 우리 농업인들과 농식품 기업인들에게 결코 쉬운 일이 아니라는 것을, 'NH무역' 사장으로 재임한 경험이 있는 본인도 잘 알고 있습니다. 시장 환경 분석과 수출 조건 확인에서부터 통관, 운송, 검역에 이르기까지 준비해야 할 서류와 확인해야 할 사항들이 너무나도 많기 때문이지요.

한 때 중국 내에서 '한국 농식품 전도사'로 통했던 저자의 명성에 걸맞게 본 책자는 다양한 한국 농식품 마케팅 지원 경험담과 수출사례에 대한 설명은 물론, 수출 지원 제도와 수출 절차 등을 담고 있어서 중국시장으로 진출하고자 하는 업체들에게는 많은 도움이 될 수 있을 것으로 생각됩니다.

아무쪼록 본 책자가 지침서가 되어 우리 농식품의 중국 진출에 큰 도움이 되기를 기대하며, 더 나아가서 농협이 추구하는 농가소득 5000만 원 달성에도 기여하여 "농업인이 행복한 국민의 농협"을 만들어 가는데 밑거름이 되어 줄 것으로 기대합니다.

농업협동조합중앙회
회장 **김병원**

추천의 글

전 세계적으로 농수산 식품 교역이 증가하고 있는 추세입니다. 우리나라도 최근 5년간 식품 교역이 40% 늘었고, 국가 간 자유무역협정(FTA) 체결도 활발히 이루어져서 50개가 넘는 국가와 FTA를 체결해 적극적으로 수출시장 개척에 나서고 있습니다.

그중에서도 지난 2015년 12월 20일 우리나라와 FTA를 발효시킨 중국은 농식품 수출에 있어서 가장 주목해야 할 시장입니다. 한국 농식품 수출에 있어서 중국시장의 비중은 2000년 6.7%에서 최근에는 17%까지 높아지기도 했습니다. 제품력과 가능성을 믿고 중국시장에 과감히 도전한 농식품 수출기업들이 있었기에 가능했던 일이라고 생각합니다.

이러한 상황에 발맞춰 농식품부와 aT에서도 보다 많은 한국 농식품이 중국시장에 진출할 수 있도록 다양한 정책과 지원을 추진하고 있습니다. 중국을 비롯한 미래 핵심시장을 적극 공략하고, 권역별 특성에 맞는 맞춤형 전략으로 수출 시장 확대를 위해 국내외 조직을 활용한 수출 동향 모니터링, 현장 애로 해소, 해외 바이어 밀착관리 등에 총력을 기울이고 있습니다.

이 책에서는 우리 농식품이 중국시장으로 진출하게 된 첫 얘기부터 중국시장 개척을 본격적으로 추진 중인 현재까지, 농식품 수출업무를 현장에서 체험하면서 추진했던 저자의 경험과 노하우를 담고 있습니다.

지금도 농식품 성공수출의 대표사례로 꼽히는 생우유·생막걸리·유자차의 중국수출 마케팅 지원 경험담부터, 현지 농식품 시장의 현황과 전망, 수출 절차 및 지원 제도에 이르기까지 농식품 중국수출에 필요한 지식과 정보도 소개하고 있습니다.

이 책은 중국시장에 도전하는 농식품 수출업체에게 필요한 정보와 노하우를 전하는 훌륭한 안내서가 될 것이라고 생각합니다. 중국이라는 거대한 시장을 읽는 지혜를 얻고, 중국인들의 식품 소비 트렌드에 맞는 한국식품이 중국시장에 유망제품으로 자리매김하는데 유용한 참고서가 될 것으로 믿어 의심치 않습니다.

거대한 가능성의 시장, 중국에서 우리 농식품의 날개를 펼치려는 모든 이들에게 일독을 권합니다.

aT(한국농수산식품유통공사)

사장 **여인홍**

차례

+

책을 펴내며

추천의 글

+

1부.
한국 식품의 중국 마케팅을
시작하다

1장. 농식품 수출은 식문화 수출이다

2장. 한국 농식품 對중국 진출기(進出記)

2부.
중국 수출
아는 만큼 성공할 수 있다

1장. 중국 시장, 이것만은 알고 가자

2장. FTA와 농식품 수출 절차 및 지원 제도

한국 식품의
중국 마케팅을 시작하다

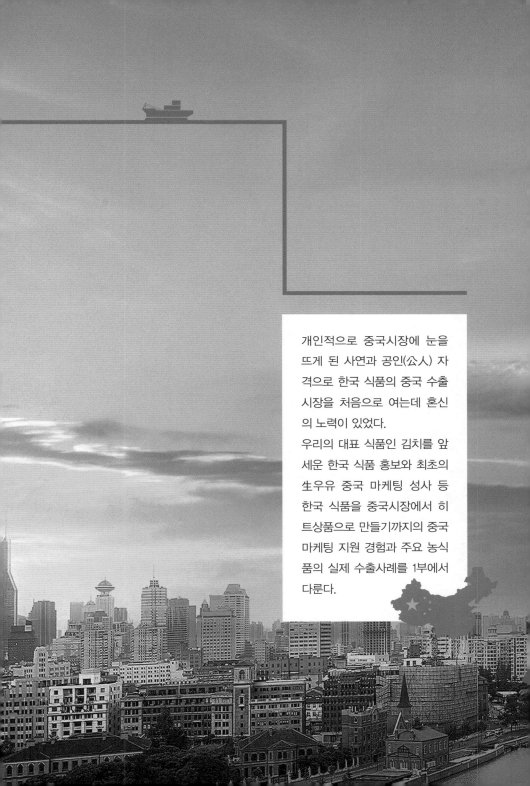

개인적으로 중국시장에 눈을 뜨게 된 사연과 공인(公人) 자격으로 한국 식품의 중국 수출 시장을 처음으로 여는데 혼신의 노력이 있었다.

우리의 대표 식품인 김치를 앞세운 한국 식품 홍보와 최초의 生우유 중국 마케팅 성사 등 한국 식품을 중국시장에서 히트상품으로 만들기까지의 중국 마케팅 지원 경험과 주요 농식품의 실제 수출사례를 1부에서 다룬다.

1부 1장

농식품 수출은
식문화 수출이다

중국에서 한국 식품
홍보·마케팅 하기

1

중국 식품 시장과의
첫 인연

66

　중국과 처음 인연을 맺은 것은 1993년 3월이다. 우리나라가 중국과
수교를 맺은 게 1992년 8월 24일이니, 한중수교 6개월여 만에 중국 땅을
밟은 것이다.

　당시 농수산물유통공사(현 aT·한국농수산식품유통공사)에 근무는
하고 있지만, 중국과 관련된 업무를 하던 때는 아니었다. 중국과의 인
연은 지극히 개인적인 일에서 시작되었다.

　1992년 연말쯤이었던 것으로 기억한다. 당시 석재(石材)사업을 하며
중국을 자주 오가던 절친한 친구가 어느 날 만나자며 연락이 왔다. 친구
는 중국 출장 때마다 통역 일을 봐주는 중국동포가 반찬류를 만들어서
베이징 시내에 유통시키고 있는데, 이를 규모화하여 대량생산 유통해
보면 어떨까 생각중이라고 했다. 그러면서 농식품 관련 공기업에 근무
하고 있던 필자가 이런 분야를 잘 알고 있을 것이란 일방적인 판단(?)하
에 사업성이 있을지 현장을 답사해 달라는 부탁이었다.

당시는 중국에 대한 정보가 전혀 없던 때라 친구의 이야기만으로는 판단을 내리기 어려운데다가 필자가 알면 얼마나 알겠는가? 현장을 보지 않고는 어떤 말도 꺼내기가 어렵다는 것에 공감한 우리 두 사람은 중국 현지에 가본 후 얘기를 하기로 했다.

그렇게 해서 1993년 3월 직장에 휴가를 내 중국으로 가게 되었고, 그것이 중국과의 첫 만남이었다.

1993년은 인천공항이 개항하기 전인 데다가 한 · 중 교류가 막 시작되는 시점인지라 베이징 공항을 한국 측에 개방하지 않았기 때문에 김포공항에서 중국 베이징으로 가는 직항 비행노선이 없었다. 베이징에 가려면 비행기로 중국 톈진(天津)공항까지 간 뒤, 거기서 두 시간 가량 승용차 등을 이용해서 베이징으로 들어가는 코스뿐이었다.

▼ 중국의 주요 교통수단 중의 하나인 일명 빵차

1부. 한국 식품의 중국 마케팅을 시작하다

난생처음 밟아 본 중국 땅! 반공(反共) 이데올로기에 익숙해 있던 필자에게 톈진공항의 풍경은 낯설기만 한데다, 3월의 찬 공기가 주는 스산한 기운마저 엄습해 와서 스스로도 놀랄 만큼 잔뜩 긴장이 됐다.

두근거리는 마음에 톈진공항의 검색대를 어떻게 통과했는지 기억이 없다. 처음 접하는 중국(당시는 중공이라는 표현이 더 자연스러울 때였음)이 신기하기도 했고, 두렵기도 했다.

어차피 마주친 것 한번 부딪쳐 보자는 마음을 다지고 다졌다. 솜을 넣고 누벼서 만든 것으로 보이는 국방색 외투를 걸치고 무표정하게 서 있는 톈진공항 경비원들을 바라보니 자료사진에서나 보던 6.25 전쟁 때의 '중공군'을 보는 것 같아서 섬뜩하면서도 묘한 기분이 엄습해 왔던 기억이 새롭다.

베이징 시내로 들어가는 도로변에 끝없이 전개되는 논밭을 바라보노라니 장차 농업대국 중국의 위상과 함께, 상대적으로 왜소한 한국의 농업규모가 떠올라 왠지 위축되는 자신을 숨길 수가 없었다.

이런 거대한 중국을 상대로 '앞으로 할 일이 무궁무진 하겠구나' 라고 이런 저런 생각을 하는 사이, 우리를 태운 '빵차'(한국의 '다마스' 승합차와 닮았다)는 어느덧 베이징 시내로 접어들고 있었다.

한가로운 농촌과는 달리 어딘지 어두워 보이는 건물들과 사람들의 표정에서 중국인들의 생활 수준이 한국보다는 많이 뒤처져 있다는 것을 직감할 수 있었다. 자동차보다 우마차가 많았고, 그보다 자전거가 월등히 많았다.

우리나라와는 너무도 다른 중국의 겉모습에 놀라는 사이 승합차는 중국동포가 운영하는 반찬(채소류 절임 제품인데, 적정 표현이 없어서 반찬으로 표기함)공장에 도착했다. 현장을 보니 공장이라고 하기에는 너무 초라하고 형편없는 모습이었다.

어둡고 칙칙한 건물 한 공간에서 수작업으로 반찬을 만드는 수준이었다. 게다가 위생 상태가 심각할 정도로 안 좋아 보였다.

반찬의 종류는 무척 다양했다. 김치는 물론, 우리에겐 낯선 재료와 방법으로 만드는 여러 종류의 절임 채소들이 주를 이루고 있었다. 이렇게 만든 반찬들은 직원들이 큰 그릇에 담거나 벌크형태로 포장하여 자전거에 싣고 베이징 시내의 슈퍼마켓으로 운반한 후, 손저울로 달아서 판매를 하고 있었다. 이러한 모습들이 무척이나 인상적이었던 걸로 기억이 된다.

왕초보의 중국 사업 투자!
결과는…

－

이런 열악한 시스템에서도 성업 중이니 제대로 된 시설을 갖춘다면 승산이 있을 것이라는 생각이 들었다. 그 때만 해도 중국에 대해 왕초보였던 필자는 투자의 위험에 대해서는 전혀 생각하지 못했을 뿐만 아니라, 수익금 회수에 대한 방안도 생각하지 못했었다.

귀국 후 친구는 막연히 장사가 잘 될 것이라는 기대감만으로 동사장(董事长·우리나라의 이사회를 대표하는 이사장 개념)을 맡기로 하고, 현지 파트너와 합작 계약을 체결했다. 중국동포인 사업 파트너는 운반용 차량을 두 대 구입하고 조리대 등 내부설비를 바꾸는 등 나름대로 반찬

공장을 리모델링하고 김치 등 반찬을 생산·판매하기 시작했다.

하지만 투자한 지 1년여 만에 친구에게 투자금을 포기하는게 마음 편하겠다는 얘기를 할 수 밖에 없었다. 생각했던 것보다 반찬의 가격이 낮아 매출을 올리는 것이 용이하지 않았고, 설사 매출이 오른다 해도 현지 운영비용에 쓴다거나 재투자하기에 급급하여 투자금을 회수한다는 것은 애당초 불가능한 상황이라고 판단했기 때문이다.

중국어도 안 되는 데다가 두 세 달에 한번이라도 현지에 갈 수 없는 상황이다 보니 모든 것을 중국측 판단에 맡길 수밖에 없었다.

현지 물정을 잘 모르는 우리의 생각이나 판단들은 자연히 묻힐 수밖에 없었다. 안타까운 일이지만, 중국과의 첫 인연은 그렇게 안 좋은 기억으로 남고 말았다.

▼ 베이징 왕푸징 거리 모습

적지 않은 수업료를 내긴 했지만, 중국에 대한 투자가 얼마나 어려운지 깨닫게 된 것만으로도 소득이라면 소득이었다. 이후 많은 한국 사람들이 중국을 '기회의 땅'으로 생각하고 '차이나드림'을 꿈꾸며 접근했다가 유사한 피해를 당하는 사례를 여러 차례 목격하기도 했다.

중국도 법(法)이 우선이다
법대로 해야 한다

—

지금은 제도나 규제가 많이 완화되고 달라졌지만, 당시는 외국인이 중국에 투자하기가 그리 쉬운 일이 아니었다.

중국 정부는 대외적으로 외국인 투자자들에게 인허가나 세금 등의 부분에서 많은 혜택을 준다고 했지만, 외국인이 영업집조(우리의 사업자 등록에 해당)를 내걸고 사업을 하기에는 제약요인이 많았다.

성질 급한 한국인들 중에는 말이 안 통하고 인허가가 까다롭고 절차가 번거롭다는 이유로, 책임이나 규제를 피할 수 있는 손쉬운 방법을 선택해서 창업을 서두르는 경우가 많았다.

중국을 드나들면서 알게 된 중국동포나 한족의 이름을 빌려서 영업허가를 취득하는 편법을 동원하는 일이 비일비재했던 것이다.

이렇게 창업한 사업장은 사업이 잘 돼도 문제, 안 돼도 문제가 되곤 했다. 사업이 잘 돼서 돈을 한국으로 송금하려 해도 본인의 이름으로 세금을 낸 실적이 없기 때문에 은행을 통한 정상송금을 할 수가 없어서 일명 '환치기'를 하다가 범법자가 되는 경우가 발생하곤 했던 것이다.

심지어는 사업이 잘 되는 사업장을 현지 명의인이 통째로 가로채고 이익금을 한 푼도 주지 않는 후안무치한 경우도 발생하곤 했다. 한마디로 '믿었던 도끼에 발등 찍힌 격'이 되었던 것이다.

게다가 이렇게 수업료(?)를 먼저 낸 한국 사람들 중에는 자신의 본전 생각에 뒤이어 들어오는 한국인들에게 이런 사업장을 떠넘기는 경우도 있었다. 그 당시 한인 사회에 '세상에 믿을 놈 없다'는 말이 공공연히 나돌 정도였다.

그로부터 오랜 시간이 지난 지금은 외국인이나 외자 법인에 대한 규제나 제도가 많이 개선되어 있기는 하다.

그래도 신중하게 접근할 것을 권하고 싶다. 만약 중국에 법인을 세우려 한다면 철저히 중국 법에 따라 진행하되 100% 외자법인을 만들어서 한국인 소유로 하는게 최선이다. 그렇지 않으면 금전적인 부분은 중국 측에서 100% 투자하게 하고 한국 측에서는 기술투자 등을 앞세워 일정 지분을 확보할 것을 조언하고 싶다.

중국시장
준비된 자가 기회를 잡는다

—

첫 중국 방문, 간접적으로나마 첫 사업 경험을 통해 나는 '중국은 결코 만만한 시장이 아니다'라는 걸 깨달았다.

중국시장의 거대함과 가능성, 우리와 지척에 있다는 지리적 이점까지 중국은 내버려두기엔 너무도 아깝고 유망한 시장이다.

만약 그들의 일 처리 방식이나 문화·제도 등에 대해 알게 된다면 중국 시장은 더 이상 꿈의 시장이 아닐 것이다.

수출 절차에서부터 중국 소비자에 대한 이해까지 조금이라도 중국에 대해 더 많이 아는 사람이 성공할 가능성이 높아질 수밖에 없다.

내가 이 책을 쓰게 된 것은 바로 중국이라는 거대 시장에 도전하고자 하는 이들에게 조금이라도 도움이 됐으면 하는 바람에서다.

한국 식품의 중국 시장진출 1세대라 할 수 있는 나의 마케팅 지원 경험담을 비롯해 대표적인 품목들의 구체적인 수출 절차 등을 정리한 이유다.

2
한국 식품의
중국 마케팅이 시작되다

❝❝

중국을 처음 방문했던 1993년 3월로부터 9년이 지난 뒤인 2002년 2월에 중국으로 공식적인 파견근무를 나가게 되었다.

aT(한국농수산식품유통공사) 베이징농업무역관장이 당시 필자의 직책이었고, 중국과의 본격적인 인연의 시작이라면 시작이라고 할 수 있겠다.

앞서 언급한 친구의 투자 실패를 계기로 남보다 먼저 중국시장의 성패 여부를 가늠할 수 있는 눈을 뜨게 되었고, 자연스럽게 중국에 대한 관심과 함께 중국어를 배워야겠다는 생각을 하게 되었다. 그 결과 1997년 중국어학 능력시험인 HSK(당시는 11급이 최고 높은 급수)에 응시해 초보 수준이지만 4급을 취득했다. 지금은 우스운 얘기일 수도 있겠지만, 당시 aT의 차장급(3급) 이상 직원 중에서 유일하게 중국어 공인자격을 보유한 건 필자 한 사람 밖에 없었다.

2001년 가을, 당시 조방환 수출이사께서 중국(당시는 베이징 한 곳에만 사무소가 있었음)근무 의향을 물어 왔고, 그렇게 다음해 2월 aT베이징 농업무역관장으로 부임하게 되었다.

농식품 중국 수출
전진 기지의 초석을 놓다

—

1993년의 모습으로 베이징을 기억하고 있던 나에게 2002년의 베이징은 마치 다른 곳인 것만 같았다. 도시의 빛깔부터 달랐기 때문이다. 10년 가까운 세월이 흐른 베이징은 스카이라인과 도로 풍경 등이 몰라보게 달라져 있었다. 베이징이 경제적으로 얼마나 급성장하고 있는지 한눈에 알 수 있었다.

▼ 베이징 시내모습

농업무역관장으로 부임한 2002년 당시까지만 해도 aT 베이징 농업무역관의 역할은 농산물 가격 안정용으로 한국으로 들여오는 중국산 농산물을 얼마나 싼값에 양질의 상태로 확보할 것이냐에 집중돼 있었다. 당시 가격안정용으로 수입하던 중국 농산물은 한국 내에서 소비량에 비해 생산량이 부족한 마늘·양파·참깨·고추·땅콩·녹두·팥 등이었다. 베이징 무역관이 설립된 1995년 이후 약 6년간은 이런 국영무역 업무 지원이 핵심 업무였던 것이다.

그러다가 2002년 2월 22일 필자가 파견되면서부터 베이징 농업무역관의 업무는 중국시장에 한국식품이 수출될 수 있도록 지원하는 시장개척 업무로 바뀌었다. 일본과 미국 위주의 한국식품 마케팅 지원 업무에서 대중국 시장 개척을 위해 정부가 본격 나서게 된 순간이었다.

한국 식품
정상수입 절차 거쳐 들어와야 한다!
—

농업무역관장에 부임한 뒤 곧바로 베이징 시내의 한국식품 유통 현황을 살펴보니, 한국식품이 정상적으로 수입되어 거래되는 것은 거의 없는 것으로 파악되었다. 대형 유통점 진열대에서 한국식품은 찾아보기 어려웠고, 거의 모든 한국식품은 한국교민시장 위주로 유통되고 있었다. 그나마 유통되는 것도 한국 내수 유통용으로 생산된 한국식품을 한국의 영업 대리상을 통해 수집한 후 정상통관 절차 없이 들여와서, 중국 현지의 한적한 곳에서 컨테이너를 개방하여 중문 스티커를 붙인 후 유통시키는 제품들이었다.

이런 불법적인 행위들은 당시로서는 어수룩한 중국정부의 묵인과 수입상들의 공생이 있었기에 가능하지 않았을까 생각한다.

이런 상황을 접하면서, 하루 빨리 한국식품 수입시장을 정상화하지 않으면 앞으로 더 큰 발전이 없겠다는 생각이 들었다.

대책을 마련하기 위해 칭다오 · 다롄 등지로 한국식품 수입상들을 직접 찾아 나섰다. 그들을 만나 대형 유통매장에 한국식품을 입점시킬 경우 aT에서 판촉비를 지원해 주겠다고 제안했다.

대형 유통매장에 입점을 시키려면 정상적인 통관서류가 필요하므로, 자연스럽게 한국식품 수입을 양성화할 수 있겠다는 생각이었다. 하지만 그전까지 아무 불편함 없이 한국식품을 수입해서 중국 시장(주로 교민 시장이었지만)에 판매하던 수입상들은 정상적인 통관에 필요한 서식이

▼ 중국 대형유통 매장에 진열된 한국식품들

1부. 한국 식품의 중국 마케팅을 시작하이

나 절차를 불편하게만 여겼다. '실질적인 이익은 없는데 의무 사항만 늘어나는 것 아니냐'는 볼멘소리도 나왔다.

수입상들을 설득해나가기 시작했다. 시기의 차이만 있을 뿐, 정상통관을 통한 한국 농식품 중국유통은 당연히 이루어질 일이며, 장기적으로 수출을 진행하고 시장선점 효과를 누리기 위해서는 남보다 앞서서 정상 유통체계 안에 들어와야 한다는 점을 강조했다.

만리장성 입성한 한국 식품
어떻게 알려야 할까?

—

나중에 들은 얘기지만, 그때 한국식품 수입상들은 알지도 못하는 aT라는 조직에서 느닷없이 찾아와서 판촉비를 지원해 주겠다고 해서 무척 당황스러웠다고 했다.

설득 덕택인지 정상적인 절차를 거쳐 중국으로 수입되어 판매되는 한국식품이 조금씩 늘어나게 되었다.

필자 생각은 적중했고 2002년 8월 이후 aT가 지원하는 판촉행사를 받아내기 위해 수입상들은 대형 유통매장에 입점하기 시작했다.

정식절차를 밟은 한국식품들이 중국시장에 당당하게 등장하기 시작한 것이다.

이런 상황에서 반드시 필요한 것이 한국식품의 인지도를 높여가는 일, 즉 홍보였다. 이때까지만 해도 한국식품은 한국교민이나 중국동포 등 아는 사람만 사서 먹는 정도의 상품으로 존재할 뿐, 제대로 된 홍보가 이뤄지지 않고 있었다.

여러 가지 홍보방법을 알아봤지만 인지도 있는 방송 · 언론 · 인터넷 (당시에는 사회관계망서비스(SNS)라는 개념이 없었음)을 통해서 홍보하려니 한국 식품의 종류가 너무도 많아 효과적인 홍보가 어렵겠다는 생각이 들었다.

한국을 대표하는 상품을 전면에 내세워 한국식품 전체를 알리는 것이 효과적이라고 판단했다. 그래서 선택한 품목이 김치와 인삼이었다.

우선 김치에 대해서는 사람이 많이 몰리는 곳에서 공개적으로 홍보하는 방법을 택했다. 대표적인 사례가 거리 홍보인데 솔직히 쉬운 일은 아니었다. 행사 기획부터 완료까지 준비해야 할 것과 신경 쓸 게 너무도 많았다.

하지만 적은 홍보 비용으로 최대한 효과를 내는 데는 그만이었다.

한국의 대표 식품, 김치!
홍보 마케팅 대표 주자로

–

중국에서 한국식품을 알리는 첫 번째 홍보 행사를 진행하기로 한 2002년 7월은 한 · 일월드컵이 한창 진행되고 있을 때였고, 전 세계가 우리나라 축구 선수들의 큰 활약에 깜짝 놀라고 있던 때였다.

이거다! 싶었다. 한국 축구 선수들의 힘의 원천은 바로 김치라는 컨셉으로 한국식품을 중국인들에게 알리면 큰 홍보 효과가 있을 것이라 생각했다.

거리 홍보가 열리는 베이징 '동방광장'에 '한국 축구 선수들의 힘의 원천은 김치와 홍삼(韓國足球的力量 - 泡菜和紅參)'이라는 내용이 담긴 중문 플랭카드를 크게 내걸었다.

한국식품 홍보 현장에서는 사람들의 참여를 유도하기 위해 김치 만드는 방법을 시연하면서 참가자들이 직접 김치를 만들어 보게 했다.

그런 후 자신이 만든 김치는 가져갈 수 있도록 했더니 중국인들의 관심과 호응이 예상 이상으로 컸다. 중국에서의 첫 번째 한국김치 홍보 행사가 성공리에 이뤄진 것이다.

대형유통점에 입점된 한국식품을 보다 많이 홍보하고 팔리게 하기 위해서는 판촉전 현장에서 시식과 시음을 하게 하는 것은 기본적인 생각이었다. 보다 큰 관심을 끌기 위해 한국식품을 대대적으로 알리는 게릴

▼ 김치 담그기 시연 현장 모습. aT중국본부제공

라(?)식 홍보행사를 잠시도 쉴 틈 없이 이어갔다.

한국 김치를 앞세운 홍보 방법이 최선의 홍보 방법이라고 생각한 필자는 직원들과 함께 베이징 시내 주요 지역의 아파트를 순회하며 김치요리교실을 진행하는 한편, 베이징 현지 텔레비전 방송인 B-TV를 통해 한국요리 방법을 직접 방영하기도 했다. 지금 유행하고 있는 먹방이었던 셈이다.

이런 과정을 통해 김치를 홍보함은 물론, 한국식품에 대한 관심도를 높여가는데 집중했다.

적은 예산으로 외부용역을 실행하기에는 적절하지 않다는 판단하에 효율적인 한국식품 홍보를 위해서는 발로 뛰는 방법이 최선이라 생각했다.

그 당시 이런 일을 진행하기 위해서는 한국음식에 대한 해박한 지식

▼ 김치프로모션

과 경험뿐만 아니라, 중국어도 잘 할 수 있는 한국 사람이 필요했다. 수소문 하던 차에, 당시 음식도 잘하고 중국어도 잘한다는 한국경제신문 중국주재 한우덕 특파원의 부인인 유보경씨가 적임자라는 추천을 받게 되었다. 그러나 정작 본인의 승낙을 받는 일은 쉽지 않았다.

한결 같이 고사하는 본인을 설득하여 책임을 맡기면서 베이징 거주 한국 어머니들로 구성된 '한국음식 홍보팀'을 만들기까지 우여곡절도 있었다.

지금 생각해 보면, 별도의 보수도 없이 애국심 하나로 아파트 공터, 야외광장, 방송국 스튜디오 등 장소를 가리지 않고 그 일을 진행해주신 유보경님을 비롯한 여러분들께 이 장을 빌어서 고맙다는 말씀이라도 전하고 싶다.

이러한 일들을 기획하고 지원하는 것은 우리 aT직원들의 몫이었다. 지금은 중견 간부가 된 정연수 부장은 중국 시장에 우리 식품을 홍보하는 시작점에서 근무한 죄(?)로 맨 땅에 박치기를 하듯 고생을 많이 하였고, 그 뒤를 이어 부임한 고정희 차장이 필자의 베이징 근무 후반기를 같이 한 일꾼들이다. 또한 현재도 aT 중화권 본부의 핵심역할을 하고 있는 전해란 차장과 개인 사업을 위해 지금은 사직한 이성 주임이 그 주역들이다.

보이지 않는 곳에서 싫은 내색 한마디 없이 베이징 시정부 등과 장소 임대, 행사허가 등 행정적인 뒷바라지를 마다하지 않은 베이징 주재 한국대사관의 홍성재 농무관의 도움까지 모두 큰 힘이 되었다.

그 당시 한국식품 중에서는 이렇다하게 내세울 만한 수출 품목이 없었던 터라 한국식품의 대표주자로 김치를 전면에 내세웠던 것이다.

특히 2000년부터 우리 김치의 주 수출시장인 일본에 홍보마케팅을 펼치고 있었다. 마침 베이징 농업무역관장으로 부임하기 전 aT의 수출홍보팀장으로 있을 때, 김치 캐릭터를 만들고 일본 후지TV에 '난타'공연 형식의 김치 CF를 제작하여 방영하는 등 적극적으로 홍보마케팅을 펼친 적이 있었다. 일본 내에 6개월 동안 김치CF를 방영한 이후, 한국김치의 인지도가 높아져 일본으로 수출 물량이 크게 늘어나기도 했었다.

중국에서의 한국식품 홍보에도 일본시장에서 홍보마케팅했던 경험과 노하우를 반영했다. 여기에 중국 현지 시장상황을 고려하고 때마침 한·일 월드컵 붐까지 더해지면서 김치를 이용한 한국식품 홍보는 기대 이상의 효과를 거둘 수 있었다고 생각된다.

한국 식품 수출!
체계적인 홍보가 필요하다
—

해외시장으로 농식품 즉, 먹거리를 내보낸다는 것은 일반 공산품을 수출하는 것보다 훨씬 더 힘들고 어려운 일이다.

국내 소비자들도 저마다 식성이 다르고 기호가 달라서 입맛을 저울질하기가 어려운데, 하물며 외국인들의 입맛에 맞춰서 음식을 조리해 상품으로 만든다는 것이 얼마나 어렵겠는가?

그러나 aT와 농협을 비롯해 관계기관에서 한국식품에 대한 홍보마케팅을 적극적으로 펼치고 있고, 최근에 한류열풍이 불면서 중국 내에는 한국식품에 대한 우호적인 분위기가 만들어져 있다. 특히 중국의 수입식품 시장은 가까운 장래에 세계 최대 규모가 될 것이라는 전망도 있다.

중국을 비롯한 중화권 시장은 전과는 비교할 수 없을 만큼 거대한 수출 길을 열어줄 최대시장인 것이다.

이전까지 한국식품의 홍보마케팅이 대형유통업체나 백화점 같은 오프라인 시장을 타겟으로 주요 식품에 대해서만 이뤄졌다면, 지금은 중국의 활성화된 온라인 시장을 겨냥한 우리 정부차원의 집중홍보 지원이 이뤄지는 분위기다.

여기에 식품수출업체들의 적극적인 마케팅 활동이 어우러진다면 중국시장에서 보다 큰 시너지 효과를 낼 것으로 생각된다.

뒤에서 다시 언급하겠지만, 수출시장에서 홍보마케팅을 펼치는데 필요한 여러 가지 지원제도가 있으므로 이를 적절히 활용한다면 중국시장에서 보다 빠르고 효과적으로 한국식품을 판매할 수 있을 것이다.

3

사스(SARS)로 뜨고
기생충 알에 무너진 김치!

""

2002년 베이징 농업무역관장으로 부임 후 교민시장 위주로 전개되고 있는 한국식품 시장을 중국인이 많이 찾는 시장으로 넓히기 위해 김치 요리교실 운영, 한국식문화홍보 행사, 김치와 인삼을 앞장세운 한국식품 이미지 광고, 대형 유통매장에서의 '한국식품 판촉전' 지원 등으로 동분서주했다.

그 사이에 세계적인 대형 이벤트인 '2002 한·일 월드컵'에서 4강이라는 괄목할 만한 성적을 거둔 한국축구의 열기도 서서히 식어갔고, 그렇게 그 해 연말이 다가오고 있었다.

중국 내 사스 발병, 김치 홍보 기회로!

–

새해의 희망으로 부풀어 있던 2003년 1월 초순쯤, 베이징 시내에 괴담이 번지기 시작했다.

광둥성 광저우에서 괴질이 발생해서 사람이 죽어나간다는 것이었다. 처음에는 모두 믿지 않았지만, 괴담은 좀처럼 수그러들 기미를 보이지 않았고 급기야 중국 정부까지 나서서 보도 통제를 할 정도로 중국 전역에 괴질 소문이 급속히 확산되는 분위기였다. 두 세 달이 지나도록 소문이 가라앉지 않더니 그 해 3월경 베이징까지 괴질이 번졌다는 소문이 나돌고, 결국 한국을 비롯한 외국 언론에서도 이를 보도하기 시작했다.

광둥성에서 처음 발병하였다 하여 '광둥삥(광동병廣東病)'으로 불린 그 괴질은 SARS(급성호흡기증후군, 이하 사스)라는 국제적으로 공인된 명칭(?)을 부여 받았고, 쉬쉬해오던 중국 정부도 결국 그 해 4월 21일 공식적으로 발병 사실을 발표함으로서 중화권은 물론, 전 세계인들에게 공포의 대상으로 떠오른 전염병 '사스'가 알려지게 되었다.

중국 정부가 사스를 공식적으로 발표하자마자 베이징 시내는 공황상태나 다름없이 변해 버리고 말았다. 농촌에서 베이징으로 들어온 많은 농민공(농촌출신 노동자)들은 서둘러 베이징을 벗어나기 위해 기차역과 버스터미널로 몰려들었다.

베이징에 체류하던 외국인들과 그 가족들도 베이징공항으로 밀려드는 통에 비행기 표가 동이 나서 며칠씩 기다리다가 공항을 빠져나가는 등 극도로 불안하고 혼란스러운 분위기가 연출되고 있었다.

당시 한국의 언론보도에 따르면 베이징에서 한국으로 들어간 한국인들을 한 달씩이나 격리시키는 등 한국 정부도 초비상 사태로 이를 받아들이고 있었다.

필자 또한 aT본사로부터 여차하면 귀국하라는 지시를 받은 상황이었다.

생마늘을 찾는 현지인들 보며
김치 홍보를 착안하다

–

중국정부가 사스를 공식적으로 발표하기 훨씬 전인 2003년 1월 말경 당시 aT와 업무협약을 맺고 있던 '중국상업연합회' 직원들과 베이징 시내에 위치한 한 한국식당에서 신년하례를 겸한 저녁모임이 있었다.

그런데, 이 자리에 참석한 연합회 직원들이 평소와는 달리 매운 생마늘을 찾아서 먹는 것이 아닌가? 평소 중국 사람들은 생마늘은 물론 야채나 생선회 등을 날 것으로 잘 먹지 않는다고 익히 알고 있었기에 그 모습이 무척 의아했고, 놀라웠다. 이유를 물어봤더니 생마늘이 괴질을 예방한다는 대답이었다.

생마늘이 괴질을 예방한다고? 순간적으로 머리에 떠오르는 것이 있었다. "생마늘이라.... 옳거니! 한국김치를 알릴 절호의 기회가 되겠다"는 생각이 들었다. 상업연합회 직원들과 식사자리에서의 대화 소재는 '광둥뼁'에서 '마늘'을 거쳐 자연스럽게 '김치'로 이어졌다.

매운 생마늘은 한국인들도 잘 먹지 않으며, 익혀서 먹거나 김치를 담

▼ 사스 발병시 중국에서
남, 북한간에 김치전쟁이라는 제호로 방송한 MBC화면

을 때 생마늘을 다져서 다른 채소류와 버무린 후 양념으로 사용한다고 설명해 주었다. 또 이렇게 만들어진 김치는 발효과정을 거치면서 유익균인 유산균을 생성해 정장(整腸)식품으로 재탄생하게 된다고 덧붙였다. 그래

1부. 한국 식품의 중국 마케팅을 시작하다

서 김치를 즐겨 먹는 한국인들은 비만이 적은 반면, 면역력 있는 건강체질을 유지하고 있는 비결이라고 말해 주었다.

필자의 설명을 들은 참석자들은 당장 한국김치를 사 먹어야겠다면서 주변에도 알려주겠다고 하는 등 대단한 관심을 보였다.

이러한 상황을 잘만 활용하면 김치도 홍보하고 더불어 한국식품도 홍보될 것이라 생각하고 그날 이후 구체적인 김치 홍보 방법을 고민하기 시작했다.

영국의 The Financial Times
떠오르는 김치에 주목하다

–

마침 aT베이징 농업무역관의 지원으로 2002년 5월경부터 한국의 '동원양반김치'가 중국으로 수입되고 있었다. 이를 이용하여 마케팅을 전개하기로 하고 수입업체와 협의하는 한편 본사에도 지원을 요청했다.

중국에서 그 해 처음 시도된 한국식품 판촉전은 현지인들의 관심 속에 2003년에도 베이징과 상하이를 중심으로 활발하게 전개되고 있었고, 그 즈음 '괴질'이 발생한 것이다.

판촉전 현장을 찾아오는 소비자들에게는 한국김치를 무상으로 나눠준다는 전단지를 제작하여 돌렸다. 실제로 대형유통점 현장에서 김치를 무상으로 나눠주고 김치 제조 과정을 시연하거나 시식하는 행사를 추진하게 되니 엄청난 인파가 몰려들었고, 이런 현상 자체가 뉴스거리가 되어 언론에 보도되곤 했다.

하늘은 스스로 돕는 자를 돕는다고 했던가? 4월 14일 영국의 파이낸셜 타임즈 지(The Financial Times)가 "한국인이 사스에 감염되지 않는 것은 김치를 상식하고 있기 때문일지도 모른다"는 내용의 기사를 보도했다.

옳다구나! 사스의 위기 국면을 김치홍보의 기회로 만들어 보자!

사스가 창궐하면서 베이징은 도시 전체가 멈춰버린 듯했고 언론들의 관심은 온통 사스와 관련된 뉴스 밖에 없었다.

김치
세계 5대 건강식품으로

—

당시 필자를 비롯한 aT베이징 농업무역관 직원들의 일과는 2002년도부터 진행해온 일이긴 하나, 사스 발병이 공식화된 2003년 4월 이후에는 사스와 연관 지은 면역식품으로서의 김치 이미지를 한국식품의 수출 확대 기회로 활용하기 위한 홍보 활동에 집중돼 있었다.

영국의 '파이낸셜타임즈'지의 보도 이후 AP통신, Reuters통신, CNN, 일본 아사히 등 해외 유명 언론들이 이를 인용 보도함에 따라 한국 김치에 대한 세계인의 관심도 하루가 다르게 높아졌다.

아울러 중국에서도 광명일보 · 해방일보 등이 이를 인용보도 하면서 한국산 김치를 찾는 현지

▼ 2003년 사스를 활용한 한국식품 판촉전 현장에서 MBC인터뷰 장면(우)

인들의 발길은 늘어만 갔고 관심
도 높아 갔다. 실제로 중국의 인
민일보 서울주재 특파원은 '한국
사람들의 김치 사랑'이라는 제목
으로 신문 1면에 대대적으로 김
치를 소개했고, 김치가 중국 전
역에 대대적으로 홍보되는 계기
가 되기도 했다.

▲ 2003년 사스관련 김치 보도 화면. KBS보도화면

　이후 김치는 한국김치 수출역사상 처음으로 1억 달러를 돌파(2004년
말 기준)하는 기염을 토하는가 하면 2005년에는 여세를 몰아 미국의 건
강전문지인 헬스(HEALTH)가 선정한 '세계 5대 건강식품'의 하나로 선
정되는 등 전 세계적으로 주목을 받기도 했다.

김치 붐의 역풍
중국내 김치 공장 늘어나

–

　사스의 위기를 활용한 김치 홍보로 김치가 전 세계적으로 알려지면서
공교롭게 중국에서도 김치 생산에 엄청난 관심이 생기게 되었다.

　그 결과물로 한국과 가까운 중국 산둥성을 중심으로 김치 공장이 하
나·둘 늘어나기 시작했다.

　그 즈음인 2003년 10월 aT본사로부터 잠시 귀국하라는 전갈이 왔고
자세한 영문도 모른 채 귀국한 필자는 당시 김진배 사장으로부터 사스

라는 '전대미문(前代未聞)'의 전염병이 만연하는 위험한(?) 현장에서 한국김치 홍보와 농수산물유통공사 홍보에 지대한 역할을 했다는 공로를 인정받아 '사장 직상금'으로 현금 300만 원을 수상하는 영예의 순간을 맞이하기도 했다.

물론 즐거운 마음에 직상금으로 받은 돈보다 더 많이 지출하기는 했지만 그 노력을 알아주는 조직이 있고, 상사가 있다는 생각에 기분은 날아갈 것만 같았다.

그런 기쁨도 잠깐, 해가 바뀐 2004년부터 중국에는 김치 공장들이 급격히 늘어가기 시작했고 중국 시장에서 유통되는 김치는 한국산 대신 중국에서 생산한 중국산 김치로 빠르게 대체되어 가고 있었다.

앞서 언급했던 것처럼 2002년 5월경부터 중국으로 들여와서 판매한 한국산 김치는 '동원양반김치'가 유일했다. 그 당시에는 한국산 김치의 중국 수출량이 많지 않은 상황이어서인지 중국 정부로부터 별다른 제약 없이 김치를 들여올 수 있었다.

그러던 중 싼값의 원부자재와 낮은 인건비를 무기로 현지에서 생산해 내는 김치 때문에 한국산 김치가 설 땅이 점차 좁아지고 있었던 것이다. 더욱이 한국의 대표적인 김치업체들이 중국 내에 생산 공장을 지으면서 중국에서 생산된 김치가 김치종주국인 한국 시장은 물론, 우리의 주력 김치 수출시장인 일본시장까지 잠식할 것이란 우려까지 제기되기에 이르렀다.

이같은 우려는 안타깝게도 현실이 되었고, 중국에서 생산된 대부분의 김치는 한국시장으로 역수출되어 김치 종주국의 체면이 말이 아닌 지경이 되었다. 원재료인 채소 가격만 보더라도 한국산과 중국산의 차이가 컸고, 인건비 등 생산비 격차가 워낙 컸다.

급기야 중국산 김치에게 가격으로 밀린 국내업체들은 2004년 말경에는 결국 수출을 포기했고 그렇게 한국 김치의 중국 수출은 중단되고 말았다.

'사스'로 뜬 김치
기생충 알 파동에 무너지다

—

베이징 농업무역관장을 마치고 한국으로 귀임한 것이 2005년 3월이다. 귀임 후 홍보실장으로 근무한지 6개월 정도 지난 10월쯤으로 기억이되는데 당시 식품의약품안전청(지금의 식품의약품안전처, KFDA)에서수입된 중국산 김치에서 기생충 알이 검출됐다는 발표가 나왔다.

그 즉시 중국산 김치가 한국으로의 수입이 전면 중단됨은 물론이었다. 중국산 김치의 한국시장 잠식을 우려하던 쪽에서는 내심 이같은 식약청의 조치가 반가웠을 것이다. 하지만 중국이 어떤 나라인가? 한국 식약청의 조치를 그냥 넘어갈 리가 없었다.

식약청의 발표가 있은 지 10여일쯤 지났을까? 필자가 곤히 잠들어 있던 어느 날 새벽, 평소 알고 지내던 KBS기자로부터 한통의 전화가 걸려왔다. 중국 정부가 중국으로 수출한 한국산 김치에서도 기생충 알이 나왔다고 발표했다는 것이다.

김치뿐만 아니라 고추장, 불고기 양념장 등에서도 기생충 알이 검출됐다면서 해당제품의 수입을 중단하고 이미 수입된 김치와 고추장 등은 수거해서 소각하라고 지시했다는 것이다. 드디어 올 것이 오고야 말았다는 말이 딱 들어맞는 순간이었다.

중국정부가 한국에서 수입한 김치에서도 기생충알이 나왔다고 발표했지만, 필자는 당시 중국으로 수출되는 한국김치는 단 한포기도 없다는 것을 이미 알고 있었기에, 사실이 아니라고 단언하며 아침 일찍 aT 사무실에서 관련 인터뷰를 하겠노라 했다. 새벽에 사무실로 나가자마자 진위 여부 확인에 나섰다. 확인 결과 너무나 어처구니 없는 중국정부의 조작이라는 사실을 발견했고 이루 말할 수 없는 충격을 받았다.

중국의 발표 근거는 이런 것이었다.

중국에서 생산되는 '종가부(宗家府)'라는 김치브랜드가 있는데 이것은 중국 베이징에 공장을 둔, 당시 두산의 '종가집 김치'를 중국식으로

▼ 그 당시 기생충 알 관련 KBS 보도 화면

1부. 한국 식품의 중국 마케팅을 시작하다

표기한 말이다. 중문으로는 '집'이라는 한자가 없기 때문에 종가집 대신에 마을 부(府)자를 사용한 종가부(宗家府 : 중국식 발음 '중지아푸')로 표기해서 유통을 시키고 있었다. 중국 정부는 당시 이와 비슷한 발음인 '중지아지'로 발음이 되는 '중가길(中加吉)'이라는 상표의 중국산 김치를 한국산 김치로 둔갑시켜 발표를 한 것이었다. 이외에도 '동원양반김치'를 흉내낸 현지 김치 상표인 '사대부(士大夫)'라는 김치에서 기생충 알이 검출됐다는 식의 발표를 한 것이었다. 정말 어이가 없었다.

당시 인터뷰에서는 '중국 정부가 착오를 했을 수도 있다'고 사실이 아님을 점잖게 표현했지만, 중국 정부에서 발표한 내용을 정정하기에는 이미 늦은 상황이었다. 그 결과 중국의 대형유통점에 입점되어 유통되던 한국의 고추장·된장 등 한국식품은 중국시장에서 된서리를 맞으면서 시장개척에 일대 위기를 맞았고, 김치의 주 수출시장인 일본으로의 수출도 반 토막이 나고야 말았다.

섣부른 정책이
식품 시장을 죽인다

—

2004년말 기준 1억 달러를 돌파했던 김치수출은 그 때의 타격으로 아직까지도 1억 달러 수출고를 회복하지 못하고 있다.

이처럼 기생충 알 파동으로 한국산 김치가 주춤거리고 있는 사이에 일본에서 생산된 일본식 김치인 '기무치'는 일본 김치시장을 급속도로 잠식해 들어갔다. 또한 낮은 가격을 앞세운 중국산 김치는 우리나라의 김치시장을 파고드는 호기를 만났던 것이다. 게다가 이 기생충 알 파동을 계기로 김치에 대해 눈을 뜬 중국 정부는 한국산 김치에 대한 규제를 강화하기 시작했다.

기생충알 파동이후에 중국 정부가 김치에 적용한 위생기준은 '김치 100g당 대장균군 30마리 이하'여야 한다는 것이었다.

이러한 잣대는 김치를 가열하지 않고는 맞출 수 없는 기준인 것이다.

왜냐하면 김치는 비멸균 제품으로 유산균을 함유한 발효식품이기 때문이다.

다행히 2014년 박근혜 대통령까지 나서서 중재한 덕에 지금은 해당 규제가 해소되어 중국으로 한국산 김치가 수출될 수 있게 되었다. 하지만 그 당시 사스의 위기를 기회로 활용하여 김치를 세계적인 식품으로 띄웠던 필자로서는 기생충알에 뭉개지는 김치 수출시장을 바라보면서 가져야 했던 안타까웠던 마음은 지금도 잊을 수가 없다.

식품으로서의 안전성은 아무리 강조해도 지나치지 않다.

하지만 담당 공무원의 섣부른 판단이 어떤 결과를 가져오는지에 대해서는 지난 2004년 '쓰레기 만두파동'과 2005년 '김치 기생충알' 파동에서 많은 교훈을 얻었을 것으로 생각된다.

더욱이 국가 간에 이해관계가 얽힌 무역에 관한 일이라면, 그 여파는 국가 간의 외교문제는 물론, 산업 전반에 엄청난 파장을 불러올 수 있음을 상기해야 할 것이다.

4

중국에서 처음 시도한
스타 마케팅!

"

우리의 싸드(THAADT : Terminal High Altitude Area Defense) 배치 문제로 민감하게 반응하고 있는 중국이 최근 들어 한류 확산에 제동을 걸고 있어서 우리식품의 중국시장 진출에도 커다란 장애요인으로 작용하고 있다.

다음 장에서 한류에 대해 자세히 언급하고 있지만, 이러한 한류의 붐 조성과 확산에 〈대장금〉의 이영애를 비롯하여 〈태양의 후예〉의 송 중기와 송혜교, 〈별에서 온 그대〉의 전지현과 김수현 등 수없이 많은 한국의 연예인들이 한류문화 창달에 앞장서 왔지만 필자가 베이징 농업무역관장으로 근무하던 2002년 당시의 가장 인기 있는 한류스타는 안재욱이었다.

한류 스타가 먹으면
한국 식품도 뜬다

—

당시 중국에서의 한국식품 홍보는 소비자들과 직접 만나는 시연이나 시식·시음 행사 등을 통해 맛과 영양·안전성을 알리는데 집중하고 있었다.

그러던 중 2002년 8월에 베이징 소재 대형유통점인 까르푸 매장 중 매출이 으뜸인 전람관점(展覽館店)에서 한국식품 종합 판촉전을 기획하게 되었다. 중국에서 처음 갖는 행사인 만큼 할 수 있는 모든 방법을 동원해 행사를 성공시키고 싶었다.

여러 가지 궁리 끝에 필자가 본사 수출홍보팀장으로 재직시 시행했던 일본에서의 스타 마케팅을 중국에서도 시도해 보기로 했다.

당시 최고의 한류스타이던 안재욱을 초청하면 한국식품 홍보는 물론, 행사 효과도 극대화할 수 있을 것이라는 생각이었다. 그러나 주어진 예산으로 당시 최고의 한류스타를 초빙하는 것은 불가능했다.

아쉬운 마음에 이런저런 방안을 찾던 중, 안재욱이 '진로소주' 전속모델이라는데 생각이 미쳤다. 진로소주 베이징지사장에게 판촉전 장소 중 가장 좋은 자리에 진로소주 부스를 가장 크게 마련해 줄 테니 안재욱 사인회를 하자고 제안을 했고, 그렇게 중국에서의 첫 번째 한국식품 스타 마케팅

▼ 안재욱의 팬싸인회 모습. 네이버캡쳐

홍보가 성사되었다.

물론, 안재욱 초청 비용은 항공료와 숙식비를 부담해 주는 선에서 합의가 되었다.

예상대로 당시 행사장에는 사람들이 엄청나게 몰려들었고, 안전사고를 우려한 현지 공안(경찰)들의 압력에 못 이겨서 사인회 시간을 단축할 수밖에 없을 정도로 반응이 대단했다.

현지 텔레비전을 비롯해 언론매체의 취재 열기 또한 뜨거웠다. 안재욱 하나만으로 한국식품이 저절로 홍보가 됐던 것이다.

어찌 보면 필자가 aT베이징 농업무역관장으로 있으면서 진행한 한국식품 판촉전은 한류 스타를 활용한 중국내 스타 마케팅의 시발점이라고도 할 수 있겠다.

치킨집 앞 100m 장사진
한류 스타의 위력 대단해

–

2002년 안재욱을 모델로 한국식품 스타 마케팅을 펼친 지 십수 년이 흘렀다. 이후에도 중국 내에서 식품홍보에 스타를 이용하는 스타 마케팅이 꾸준히 늘었고, '외계인 도민준도 맛있게 먹는 라면'이라든지 '눈 오는 날, 비오는 날, 우울한 날에도 천송이와 함께하는 치맥'이 현재까지 오게 됐다.

특히 2013년 말 화제의 드라마였던 〈별에서 온 그대〉가 중국에서 큰 인기를 누리면서 현지의 한국 식당가와 한국 식품점들도 엄청난 인기를 누렸고, 반사이익을 얻었다고 한다.

한국의 프랜차이즈 치킨점 앞에서 치맥을 사먹겠다고 200~300m씩 줄을 서는 중국인들을 보면서 하나의 문화 아이콘이 얼마나 강력한 힘을 발휘하는지를 실감할 수 있었다.

전지현이 김수현에게 "첫 눈이 오는 날에는 치맥이 땡긴다"라는 대화 한 마디가 중국 대륙에 '치맥 열풍'을 불러 왔다고 하니 한류 스타의 위력을 실감케 한다.

그 당시 상하이에 사는 필자의 지인은 추운 날씨에도 불구하고 상하이의 코리아타운이라 불리는 홍췐루의 한 치킨집 앞에 두 세 시간 동안 줄을 서서 기다리는 현지인들의 모습을 사진으로 찍어 보내오기도 했다.

이러한 한류열풍은 비단 '한국식품'을 파는 가게나 '한국식당' 뿐만 아

▼ 상하이 한인촌 치킨가게 앞에 줄지어선 현지인들

니라, 현지 업체들에게도 영향력을 미친다.

중국의 현지 닭 가공업체의 경우 신종 조류인플루엔자(AI)로 인해 중국의 최대 명절인 춘절 연휴 전까지만 해도 닭 소비량이 대폭 감소했었는데 갑자기 주문량이 급등해 깜짝 놀랐다고 한다.

치맥뿐만 아니라 당시 중국 현지에서 '신라면'의 경우 전년 대비 38% 증가한 3천만 달러의 매출을 올렸다고 하며, 한국 맥주 수출도 2015년말 기준 전년대비 37.1% 나 늘어났다고 하니 문화 한류의 영향력을 가늠해 볼 수 있다.

그러나 치맥 열풍에도 불구하고 치킨(닭) 수출 실적은 전혀 없는 것이 안타까운 현실이다. 이는 우리나라가 조류인플루엔자 발생국가라는 이유로 중국이 한국산 조류의 수입을 금지하고 있기 때문이다.

이처럼 스타 마케팅의 효과는 막대한 개런티를 감안하더라도 엄청난 것이어서, 중국 내에서 김수현을 모델로 세운 빵브랜드 가게 또한 팬들로 장사진을 이뤘을 정도였다. 재미있는 점은 빵집을 찾는 고객들이 빵을 사기보다는 매장 앞에 설치되어 있는 김수현 광고판과 사진을 찍기 위해 더 법석을 떨었다는 것이다.

농식품 홍보 대사의 역할

—

중국에서 한류열풍이 식지 않고 스타 마케팅이 통하는 것은 농식품 수출업체들에게는 무척이나 용기를 북돋워 주는 일일 것이다.

중국시장이 계속 성장하면서 동시에 법적 · 제도적인 부분이 수시로

변화하는 상황에서도, 시간과 비용 대비 가장 효과적인 마케팅 방안을 찾기 위한 관련자들의 그동안의 노력이 현재 중국으로 식품을 수출하는 한국 업체들에게 조금이나마 어려움을 덜어 주었다고 확신한다.

그 동안 중국에서 퍼져 나가고 있는 한류 문화들은 대부분 한국드라마와 한국의 아이돌 가수가 주도해 왔으며, 한국 음식점과 한국식품들은 여기에 편승해서 시장을 확장해 왔다고 해도 틀린 말은 아닐 것이다.

필자가 스타 마케팅을 소개한 것은 가장 즉각적이면서 효과가 꾸준한 방법이기 때문이다. 비용문제 등 현실적으로 농식품 수출업체가 직접 주도할 수 있는 방법은 아닐지라도, 드라마 · 영화 · 음악 등 문화를 통해 등장한 한류스타를 정부나 지자체, 생산자단체 등에서 활용하는 방법은 전보다 다양해지고 있기에 앞으로도 계속해서 주목할 만한 마

▼ 한국식품 홍보행사장에 모인 인파. aT제공

1부. 한국 식품의 중국 마케팅을 시작하다

케팅 방법이라고 생각된다.

더욱이 농식품은 품목과 업체가 무척이나 많고 다양하기에, 스타 마케팅처럼 여러 수출 분야와 상품에 영향을 줄 수 있는 방법일 것이다.

일례로, 농식품 분야에서는 스타 마케팅의 효과는 올리면서, 업체의 홍보비용 부담은 덜어주는 '농식품 홍보대사' 사업이 있다.

정부 차원에서 한류스타가 참여하는 농식품 홍보행사를 열거나, 식품 전시회 기간에 아이돌 공연 또는 사인회가 꾸준히 이어지고 있으니 참으로 반가운 일이다.

중국에서 인기를 끄는 것은
가장 한국적인 것

—

수출업체가 현지 마케팅 방법을 고민할 때 함께 생각할 부분을 다시 한번 짚어보고자 한다. 우선 중국시장에 들어가기 전에 자기 자신을 객관적으로 돌아봐야 한다.

내가 가지고 있는 제품을 중국 사람들이 과연 좋아할 것인지, 맛이나 포장디자인까지 세세하게 점검해서 중국에서 시장성 있는 상품으로 업그레이드해야 한다.

수출물량을 모두 만들어서 수출한 다음에 '이 제품이 중국 소비자에게는 안 먹히는구나' 자책해봐야 그 손해는 고스란히 한국 수출업체의 몫으로 돌아온다.

사전 시장조사에 시간과 노력을 들여야만, 시장에 맞는 제품개발 그리고 제품에 맞는 홍보방식을 정할 수 있다는 것이 다년간 중국 주재 경험에서 비롯된 생각이다.

여기서 중요한 것은, 아이러니하게도 중국인들이 좋아하는 것은 '가장 한국적인 것'이라는 점이다. 유자차나 조미김 같은 품목들이 대표적인 것들이다.

하나 더 덧붙히자면, '연속성있게 수출을 할 수 있느냐'도 중요하다. 일반적으로 제품을 수출하려면 배에 선적할 때 한 번에 최소 20피트 컨테이너 용량을 채울 수 있어야 한다.

다른 제품과 혼적(여러 품목을 한 컨테이너에 혼합해서 싣는 것)할 수도 있지만, 물류비나 무역업무 대행에 드는 비용을 고려할 때 가능한 한 많은 물량이 꾸준히 나가는 것이 업체에게 이익일 것이다. 규모화 된 생산시설을 갖추고 있느냐가 중요한 포인트다.

다행스러운 것은 중국시장에서 'Made In Korea'는 그 자체만으로 경쟁력이 있다는 것인데, 여기에다가 현지인들의 기호나 감성까지를 감안한 'Made With China'로 상품을 만들어 간다면 '금상첨화'일 것으로 생각된다.

안전한 원료와 수준 높은 기술력의 한국산 제품, 세계적으로 주목받는 한류에 기댄다면 중국시장에서 한국식품의 가치는 더욱 올라갈 것이다.

5

문화 한류를 넘어
농식품 수출 한류로

66

식품의 수출은 곧 식문화의 수출이다. 한 나라의 먹거리가 다른 나라에서 자리를 잡는다는 것은 단순히 음식만을 받아들이는 것이 아니라 그 나라의 식문화가 전해진다는 의미다.

식품 수출은
식문화를 수출하는 것이다

–

예를 들어 우리가 지금 스테이크를 먹을 때면 숟가락·젓가락 대신 포크와 나이프를 사용한다. 이것은 젓가락 식문화를 가진 우리나라에서 서양의 포크와 나이프 문화를 받아들임으로써 단순히 스테이크가 아닌 음식을 먹는 방법인 식문화까지 자연스럽게 자리를 잡은 것이다.

이젠 포크와 나이프가 각 가정에 당연히 있어야 하는 도구로 인식된다. 이처럼 식품의 수출은 관련 산업에까지 영향을 미치기 때문에 매우 중요하다.

그리고 국내 수출업체들에게는 지금 '한류(韓流)'라는 큰 밀물이 들어오는 중이다. '물 들어올 때 노 저어라'라는 말처럼 한류 열풍은 한국식품을 수출하려는 업체에게 있어 문화 한류를 식품 한류로 이어갈 수 있는 절호의 기회라고 생각한다.

한류를 한 마디로 정의하자면, 대한민국의 대중문화가 대중적 인기를 얻게 된 현상을 일컫는 것이라고 할 수 있을 것이다.

즉, 한국인들의 의식주와 여가활동이 융합되어 빚어내는 생활문화가 해외에 알려짐으로써 한국을 상징하는 유행성 문화가 되는 것이라고 말할 수 있을 것 같다.

그렇다면 한류는 언제 어디서부터 시작되었을까?

필자가 조사해 본 자료에 의하면 한류는 1992년 8월 한 · 중 수교 후 5년이 지난 1997년 〈사랑이 뭐길래〉라는 MBC드라마가 중국CCTV에 방영되면서 한국드라마를 통해 알려지기 시작한 게 계기가 아니었나 싶다.

이때부터 많은 한국드라마들이 중국TV에 방영되면서 중국인들의 인기를 끌자 1999년부터 중국 언론에서 '한류'라는 말을 사용하게 되었고, 이런 분위기에 편승한 한국드라마와 영화 · 노래 등 한국문화의 해외진출이 러시를 이루게 되었다.

한류 드라마
〈대장금〉 계기로 한식에 관심 높아져

—

중국에서 시작된 드라마한류는 2003년 KBS드라마 〈겨울연가〉가 일본 NHK를 통해 방영되면서 그 인기가 하늘 높은 줄 모르고 치솟게 된다. 이후 한국의 수많은 멜로드라마가 중국·대만·일본을 비롯한 동남아시아의 시청자들을 TV앞으로 모여들게 만들고 눈시울을 붉게 만들기도 하면서, 한국드라마 얘기가 일상의 대화로 자리매김하여 그들의 생활 중 일부분이 될 정도로 확산됐다.

그러나 '아무리 듣기 좋은 꽃노래도 자주 들으면 식상하다'는 한국 속담처럼 멜로물 일색이던 한국드라마의 인기가 한계에 다다른 듯 주춤해졌는데, 이 즈음 등장해 한류의 불씨를 다시 지핀 것이 〈대장금〉이란 드라마다.

〈대장금〉은 아시아 각국의 시청자들에게 한국의 음식과 의술의 깊이를 전달함과 동시에 한 여성의 건전한 성공담을 담아 크게 인기를 끌었다. 이 드라마는 해외 시청자들에게 한국음식을 새로운 시각으로 바라보게 하는 계기를 마련했을 뿐만 아니라, 한국을 더욱 친근한 나라로 이미지 메이킹 시키는 역할을 했다.

그 전까지의 한류드라마가 스타를 앞세운 멜로 위주였다면 〈대장금〉은 한국전통의 음식과 의술을 결합해 한국인들의 전통적인 생활상을 보여준, 말 그대로 '한류'에 안성맞춤인 드라마였다.

〈대장금〉은 해외시장에서 한국음식의 붐을 일으키는 단초를 제공했다고 볼 수 있다.

특히 옛날 명나라 사신과 함께 한의학(중국에서는 中醫學)이 등장하는 덕분에, 대장금은 그동안의 '멜로물' 한류 드라마에 대한 중국 시청자들의 거부감도 상쇄시켜 준 것으로 풀이된다.

전통적으로 사극(史劇)을 선호하는 중국에서 '한국의 사극'에 열광하는 대중을 만들어 내고, '한국음식'에 대한 이해와 동경심을 갖게 함으로써 '한국음식과 식품' 구매로 이어지게 하는 역할을 했다고 할 수 있다.

또한 〈대장금〉의 주제가 교훈적이고 남녀노소 누구나 볼 수 있는 내용이었기에 한국이라는 국가 브랜드를 더욱 밝고 긍정적으로 만들었으며, 이로 인한 문화경제적인 잉여가치는 가늠하기 어려울 정도로 커져 한국 농식품의 홍보 및 판매에도 크게 영향력을 미친 것으로 생각된다.

문화 한류처럼
식품 한류도 꽃피웠으면

—

조용하면서도 정적인 한국의 이미지를 그려낸 멜로드라마로 시작한 한류는 이후 화려한 율동과 경쾌한 리듬으로 대표되는 K-Pop이 더해지면서 '문화한류'라는 새로운 꽃을 피웠다.

동시에 문화한류에서 한걸음 더 나아가 '맛보는 한류'에 대한 관심도 함께 높아지게 되었다.

한국식품과 한국인들이 조리해 내는 한국 음식을 먹어 보고 싶게 만들고 한 발 더 나아가 생산제조 현장까지 찾아보는 것이 한국 관광의 한

가지 테마로 이어지면서 문화한류가 '음식한류'로 진화하게 되었다고 생각한다.

이렇게 태어난 음식한류는 한국의 외식업체들과 한국식품 수출업체, 바이어들이 해외로 진출할 때 든든한 '비빌 언덕'이 되어주고 있으며, 이를 적극 활용하여 비즈니스화 하는 것이 '농식품 수출한류'의 귀착점이라고 생각한다.

드라마 · 음악 · 영화처럼 눈과 귀로 즐기는 한류상품과 달리, 농식품은 사람이 미각적 즐거움을 얻을 수 있어야 한다.

또 이를 맛보는 해외 소비자에게 만족감을 선사해야 먹거리로서의 가치가 있는 것이며, 연속적으로 재구매가 일어날 때 비로소 '농식품 수출한류'도 그 가치가 발현되는 것이라고 본다.

어떤 소비자이든 식품을 구매할 때는 브랜드 · 품질 · 가격 · 포장 · 디자인 · 생산지 등 여러 가지 측면을 고려해 구매한다.

▼ 중국에서 방영된 대장금의 한 장면

각각의 요소에서 외국 소비자를 만족시키면서 농식품 한류를 지속적으로 유지시켜 재구매로 이어지게 하려면 어떻게 해야 할까?

대한민국 국력이
식품의 든든한 지원군이다

—

우선 국가별·민족별·지역별로 식습관과 식문화가 다양하므로 목표층을 명확히 한 후 식품을 개발하고 접근하여야 할 것으로 생각한다.

그리고 업체가 두려움 없이 수출시장에 뛰어들 수 있도록 든든하게 뒷받침해주는 힘이 있어야 한다. 바로 대한민국의 국력이다.

국력이 약한 나라의 문화나 음식은 아무리 세계화를 외쳐도 힘들고 더디기만 하지만, 국력이 강한 나라의 그것들은 쉽게 세계 속으로 접근할 수가 있다.

이러한 것을 '국가 브랜드의 힘' 덕분이라고 할 수 있겠다.

일본의 경우를 보면 잘 알 수 있다. 제2차 세계대전에서 패망한 일본은 경제적으로 재도약하는데 약 35년이라는 시간이 걸렸다. 그리고 1980년대 초반 미국에 이어 제2위 경제대국으로 성장하면서 '스시'로 대표되는 일본의 식문화도 매우 빠른 속도로 세계화되어 갔다.

이런 결과를 두고 일본의 위상이 높아진 것과 연관이 없다고 할 수 있겠는가?

이때 소위 J-Pop으로 대표되는 '화풍(和風)'을 배우자는 열풍이 전 세계적으로 일어나기도 했던 것으로 보아, 당시 일본은 경제 성장을 발판

삼아 문화로 국가 위상을 높이면서 일본의 식문화와 식품까지 널리 알리는 효과를 봤던 것이라 생각된다.

일본의 사례는 한류열풍을 받아들이는 모습에서도 눈여겨볼 만하다. 한·일간의 특수성에 비춰볼 때 한국문화는 일본에 동화되기가 어려울 것처럼 비쳐졌지만 그런 것은 정치적인 문제일 뿐이었다.

〈겨울연가〉로 시작된 한류는 일본에 수많은 K-Pop스타들을 받아들였고, 그 덕에 얼마 전까지 만해도 한국식품점과 한국음식점들이 성황을 이루어 '농식품 수출한류'로 이어졌다.

그러나 아베 정권이 들어서면서 반한 감정을 부추기는 극우세력들의 등쌀에 밀려 한류가 주춤한 사이 한국식품점이나 한국음식점들이 설 자리를 잃어가고 있다.

이러한 때에 엔저 현상마저 도래하여 한국식품 수출시장이 움츠러든 것은 안타까운 현실이었으나 다시 회복될 기미를 보이고 있다니 다행스런 일이다.

안전성이 담보된 '고급 한국 식품'으로 공략해야
―

한류의 가장 큰 관심시장은 중국을 비롯한 대만·홍콩 등 중화권이라고 해도 과언이 아니다. 앞에서 언급했듯이 한류라는 말을 만들어 낸 곳이 중국이고, 한류현상의 확산이 가장 빠른 곳도 중국이다.

발전한 경제력을 바탕으로 한류 체험 차 한국으로 쏟아져 들어오는 중국인들을 보고 있노라면, 중국에서 두 번씩이나 주재원 생활을 한 본인의 입장에서는 미래 '한국음식과 식품시장의 가능성'을 가늠해 볼 수 있는 것 같아 마냥 기분이 좋다.

그러나 유행이라는 것은 변하게 마련이다. 한류도 유행이다.

〈대장금〉 이후 중화권에서 이렇다 할 한류문화 상품이 없었는데 〈별에서 온 그대〉, 〈태양의 후예〉가 한류문화에 다시금 불을 지피는 역할을 톡톡히 한 것처럼 앞으로도 이렇게 우리의 문화 콘텐츠들이 중국은 물론 세계 각국으로 쭉쭉 뻗어나가는 일이 더욱 많아져야겠다.

또한 이러한 문화한류를 등에 업고 한식, 비(非)한식 가릴 것 없이 우리의 '농식품'도 해외진출을 적극적으로 도모해야 한다고 생각한다.

요즘에는 치맥 같은 특정 식품이나 프랜차이즈뿐만 아니라 우유나 김, 유자차, 떡볶이, 음료, 빙과류 같은 다양한 가공식품들이 '식품한류'

▼ 중국 TV에 방영된 한류드라마 〈태양의 후예〉 한 장면

의 주력 상품들로 떠오르고 있다.

현재 중국의 식품시장은 전환점을 맞고 있는데 중국인들의 소득 수준이 올라가면서 식품으로서의 안전성이 담보된 고급스러운 음식들을 품위 있게 즐기고 싶어 하는 경향이 높아지고 있기 때문이다.

한국 식품
한류를 등에 업고 힘차게 날자!

—

중국인들은 자국의 식품에 대해서 불신이 높은데다가, 일본의 후쿠시마 원전사고로 인한 일본식품의 불신까지 더해져서 식품 안전에 민감한 반응을 보이고 있다. 하지만 한국 식품들에 대해서는 한류에 의한 호기심과 '식품 안전성'이라는 요소들을 충족시켜주고 있다고 믿기 때문에 인기가 높다.

특히 대만시장은 화교 경제와 문화권의 핵심이라고 볼 수 있으며, 동남아시장에 상당한 영향력을 미치는 곳이라고 생각한다.

그 동안 한류의 전파과정을 보면 대만을 거쳐 동남아로 확산되는 형태가 많았으며, 그 중간에는 동남아시아 시장에서 경제·문화적으로 강한 영향력을 행사하고 있는 화교들의 존재를 간과할 수가 없다는 것이다.

전통적으로 대만 소비자들의 일본제품에 대한 선호도는 절대적이며, 상대적으로 일본의 식문화도 광범위하게 퍼져 있는 상황이다.

이에 반해 한국과는 그 동안 국교 단절이라든지 매끄럽지 못한 대(對)

대만 관계의 처리 등으로 일본에 비해 그다지 우호적인 분위기를 키워 오지 못한 게 사실이다.

그러나 최근 들어 한류의 영향은 대만시장에서도 강하게 작용하고 있는 것으로 보인다. 대형유통업체를 통한 '한국식품 종합판촉전' 장에서 한국음식을 맛보려고 길게 줄지어 서있는 모습이나 현지에 진출한 한국 식당에서 한국음식을 맛있게 먹는 대만인들을 보면서 한국 농식품 시장의 가능성을 볼 수 있기 때문이다.

전통적으로 우리에게 우호적인 중국을 비롯한 홍콩 · 대만 등 중화권 시장에서 한류를 적극 활용해서 '한국 농식품'을 마케팅한다면 시장 확대 전망은 매우 밝다고 하겠다.

6

'한식'의 세계화는
식품 수출로 이어져야

"

문화 한류를 등에 업고 한국식품의 수출시장을 확대해 가려면 '한식(韓食)'의 역할이 매우 중요하다는 생각을 한다.

그 이유는 한국인들이 즐겨먹는 '한식'은 한국인들의 식문화요, 생활 그자체이기 때문에 '한국식품'의 수출시장과도 직결 될 것이라는 생각이다.

이명박 정부 때부터 '한식 세계화'라는 슬로건 아래 한식의 세계화를 위해 재단법인체를 만드는 등 많은 노력을 기울이고는 있으나 그 동안 많은 시행착오를 나타내면서 실효성이 의문시 되고 있는 것으로 보인다. 중국에서 근무하면서 경험했거나 평소 생각했던 한식 세계화의 방향에 대해 언급해 본다.

한식의
현주소 및 문제점

—

그 어떤 나라의 음식이든, 전통음식은 조상들의 지혜와 얼이 살아 숨쉬는 고유의 생활문화이다.

따라서 한식을 세계화 한다는 것도 한식이 가지고 있는 고유의 맛과 식문화를 알리는 홍보 절차를 선행한 후 차근차근 세계인들의 생활속으로 접근해 가야 할 것이라고 생각한다.

그럼에도 우리의 한식세계화는 이런 절차보다는 해치우기식 관주도형 이벤트 위주로 추진되어 온 것 아닌가 하는 생각이 든다.

뿐만 아니라 한식은 우리나라 고유의 먹거리이며 소중한 문화 자산임에도, 현실에서는 외래 식문화에 그 고유의 자리를 잠식 당하고 있다.

여러 가지 이유가 있겠지만, 가계 소득의 증가로 인한 외식문화 확산, 젊은 층의 맞벌이 증가에 따른 가정 내 조리 기회의 감소, 또한 손쉽게 접할 수 있는 가공식품과 패스트푸드에 길들여진 젊은 세대들의 식습관을 들 수 있다.

게다가 조리 방법 대비 높은 가격대를 형성하고 있는 외래식과 달리 표준화 · 규격화가 어려운 한식은 상대적으로 저가 메뉴에 포진해 있다. 리필형 반찬문화에 따른 식재료비와 인건비가 과다 지출 되는 등 경영비 부담까지 더해져 한식은 점점 더 어려운 환경으로 내몰리는 것 같다.

또한 한식 산업을 이끌어갈 한식 관련(생산 · 제조 · 유통 종사자, 연구기관, 학교 등) 기관 · 단체에 대한 정부지원이 미흡하다. 전문성을 갖춘 차세대 한식조리사 양성이 필요함에도 조리과 학생들이 취업을 목표로 하는 대다수의 특급호텔에 한식당이 없다는 것도 학생들의 희망을 꺾는 현실로 존재하고 있다는 것이다.

따라서 '한식 세계화'의 성공 여부는 국격(國格)의 크기와 비례한다고 해도 과언이 아니다. 높아진 대한민국의 국격을 한식 세계화의 동력으로 활용하는 방안을 적극적으로 마련해 보면 어떨까?.

체계적인 계획이나 절차 없이, 해외에서 행하는 이벤트성 홍보나 일회성 교육을 '한식 세계화'로 포장 할 것이 아니라, 한식의 저변을 이끌 조리 인력의 양성과 우리 국민들을 대상으로 한식의 전통성, 문화적 특성, 건강지향적인 가치를 알려 내수시장부터 활성화 해야 할 것으로 생각한다.

그간 한식 세계화의 문제점들을 짚어 보자면,

● 민간부문의 한식 관계자들이 참여할 기회나 공간이 없거나 부족하지 않았는지?
● 한식관련 단체 등 한식 인력 네트웍이 어느정도 공감하고 참여할 수 있는 정책이 입안되고 실행되어야 함에도 주어진 예산을 집행하기에 급급해 하는 듯한 모습으로 진행되지는 않았는지?
● 한식 세계화는 민·관 쌍방향 교류와 협력이 있어야 함에도 관주도의 일방통행식 사업추진으로 공감대를 얻지 못한 것은 아닌지?
● 한식의 개념 정립이 안되어 한식 세계화의 대상 즉, 한식의 정체성이 모호하다는 판단은 안해 봤는지?

이처럼 그간의 한식 세계화는 준비되지 않은 정책으로 사업 추진의 정체성 혼돈과 함께 정상적인 시행이 여의치 않았던 것으로 판단된다. 앞서 지적했듯이 맛과 함께 그 음식 맛이 어떻게 해서 만들어 지고 어떤 문화와 접목이 되었는지를 알리는 절차가 선행되어야 한다고 판단한다. 그러나 우리 한식 세계화의 방향은 종사자 교육, 메뉴판 정비 등 지엽적이거나 예산 집행을 위한 1회성 행사(이벤트성) 위주로 추진된 것은 아닌지 돌아볼 필요가 있다고 생각된다.

따라서 한식 세계화는 한식의 문화적인 측면과 역사성 · 경제성 · 세계화 가능성 등을 종합적으로 검토한 후 추진하는 것이 바람직하지 않겠는가?

즉, 역사학자나 문화학자 등의 인문학적인 측면도 검토되어야 한다는 것이다.

한식의
세계화를 위한 제언
–

한식 세계화를 위해서는 한식의 개념 정립과 함께, 정체성 확립이 필요하다고 본다. 한식을 품목 및 대중화 정도에 따라 '보존용'과 '보급용'으로 구분해본다.

먼저 보존용 한식은 역사성과 정체성이 있는 궁중요리나 사찰음식 등 전통적으로 전해오는 한식을 일컫는 것으로, 상차림이 화려하고 비쥬얼이 좋아 전시용(홍보)으로 활용하기에는 좋다.

그러나 일반인들이 조리하기가 쉽지 않고 원가가 많이 들어 대중화하기에는 적합하지 않다고 할 수 있다. 이런 전통한식을 세계화의 테이블에 올리는 것은 매우 부적합하다는 생각이다.

한식 세계화를 위한 '보급용' 한식은 역사성과 정체성을 어느정도 유지하면서 한국인들이 즐겨먹는 음식으로서 외국인들이 보다 쉽게 접근할 수 있어야 한다는 생각이다.

따라서 한식을 세계화하기 위해서 우선돼야 할 일은 국내 한식 인프라 확충에 정책의 초점을 맞출 것을 권한다.

식품수출도 마찬가지이지만 한국인들이 좋아하지 않는 한식, 즉, 내수 활성화 없는 한식 세계화는 공염불이 될 것이기 때문이다.

건강을 중시하는 시대에 웰빙식으로서의 한식 홍보로 어린이·청소년들에게 한식 사랑을 고취할 필요성이 있으며, 한식조리인력 양성 지원 제도화와 함께, 한식조리를 전공하면 취업도 잘되고 대우도 잘 받을 수 있다는 자긍심 고취도 중요 사항이다.

국내외 특급 호텔에 한식당을 설치 운영하는 방안(투자대비 수익성을 염려한다면 공기업이 운영하는 방안도 검토 필요)과 민간 한식관련 단체 육성으로 한식인들의 자긍심 고취는 물론, 한식인들의 결집력 마련에 동기를 부여할 필요성이 있다고 본다.

이를 위해 정부차원의 '한식의 날' 제정 및 기념행사도 필요하다고 본다. 중앙정부, 지자체, 각 민간단체 별로 정치적이거나 상술적인 마케팅은 무수히 행해지고 있으나, 정작 한식의 가치를 계승 발전시키기 위한 이렇다 할 행사는 국가차원은 물론이고 민간 차원에서조차 없다는 것이 안타까운 현실이다.

한식의 세계화는
시간이 필요한 일

–

한 나라의 음식을 세계에 알리는 일이 고작 몇 년 만에 이뤄질 수 있을 것이란 기대하에 정부차원에서 밀어붙인 한식 세계화 사업은 많은 부작용으로 나타나고 있다.

일본은 수십년간 조리사 인력을 양성하여 수출하고 지원한 결과, 국력과 함께 일식의 세계화에 성공한 바 있다.

그런 차원에서 봤을 때 한식 세계화는 이제 시작에 불과하며, 특히 음식은 하나의 문화이기 때문에 현지인들에게 흡수되는데 시간이 필요하다는 것이다.

한식 세계화를 위해서는 앞에서 언급한 '보존용' 한식보다는 '보급용' 한식을 위주로 해외에서 홍보·판촉하는 것이 적절하다고 생각한다.

대부분의 외국인들은 고기를 구워서 쌈채소와 먹거나, 된장찌개·김치찌개·김치·비빔밥·불고기 정도를 한국인들이 즐겨먹는 음식으로 이해한다. 최근에는 떡볶이, 순대, 닭강정, 심지어 라면 등 한국의 젊은층이 선호하는 음식도 많이 알려지고 있는 듯하다.

이런 것들이 한식 세계화의 대상, 즉, '보급용' 한식이 되어야 한다고 생각한다.

해외에서 한식을 알리기 위해서는 일회성 행사 성격의 교육이나 이벤트에서 벗어나 지속적이고 주기적인 사업 추진이 필요하며, 인건비 부담이 큰 한국인 조리인력을 대체할 현지인 한식 조리사 양성과정 운영과 한식당 설치 컨설팅 및 홍보 지원이 필요하다.

뿐만 아니라, 한국식 주방설비와 운영시스템의 수출을 주도하는 전문기관의 육성도 필요하다고 본다. 이를 통해 식자재의 수출도 이어갈 수 있다는 판단에서다.

세계시장을 향한 한류 음식 드라마 제작 및 보급 등 체계적인 한식 홍보로 대한민국의 '국격' 향상은 물론 세계화에 기여하여야 하며, 식품과 한식업계 관계자들은 국민건강의 파수꾼이라는 의식을 가지고 경영에 임해야 할 것이다.

앞에서도 언급 했지만 우리 국민들이 사랑해 주지 않는 한식을 외국인들이 사랑할 수 있겠는가?

한식을 세계화 하려면 우리 국민들부터 사랑받을 수 있도록 해야 할 것이다.

내부적으로 한식사랑 운동을 펼쳐 한식에 대한 인식을 높이고 한식산업을 발전시킨 후 세계화를 추진하는 것이 순서라고 생각한다. 그래야 궁극적으로는 식자재 수출 및 식품산업 활성화에 기여할 수 있을 것이란 판단을 해본다.

1부 **2장**

한국 농식품
對중국
진출기 進出記

1

황금빛 단맛의 <u>유자차</u>(柚子茶) 중국인을 유혹하다

"

    중국은 녹차로 대표되는 차 문화가 발달한 나라이다. 지금은 1, 2선 대도시를 중심으로 커피전문점이 다수 포진하고 있기는 하지만, 아직은 한국만큼 커피 소비가 일상화되지는 않았다. 필자가 2002년 베이징 농업무역관장으로 부임했을 때만 해도 길거리에서 커피 판매점을 구경할 수가 없었고, 중국인들은 남녀노소 할 것 없이 차(茶)만 즐기는 것 같아 보였다.

중국에는 없는 과일 유자(柚子)
그것이 경쟁력이다

–

    중국인들의 차 문화를 접하면서 '이런 문화를 활용해서 우리 식품을 수출할 방법이 없을까'를 고민하고 있던 터에 솔깃한 얘기를 듣게 되었다.

    2002년 가을 쯤, 한 한국식품 수입상 대표가 농협베이징사무소(수석

대표 : 이두섭, 대표 : 이범석) 측으로부터 유자차를 수입해 보지 않겠느냐는 제의를 받아서 검토 중이라는 것이다.

물론 유자차를 중국으로 들여오면 aT가 적극적으로 마케팅을 돕겠다고 하면서 중국 수입할 것을 부추겼다(?).

유자의 밝은 노란색과 단맛이 중국인의 입맛에 잘 맞겠다는 생각이 들었기 때문이다. 예나 지금이나 중국인들이 가장 좋아하는 색은 붉은색과 황금색이다. 유자는 여기에 딱 맞는 밝은 노란색을 띠고 있다. 게다가 유자를 설탕에 절이는 당침법으로 가공된 유자차는 단맛 또한 강하다. 일체의 단맛이 없는 중국의 보이차(普洱茶 puer tea)로 대표되는 발효차와는 확실히 차이가 나는 것이다. 대표적인 유자(柚子) 주산지인 전남 고흥에서 생산된 유자차가 그 당시 이미 일본으로 수출되고 있었기 때문에 농협베이징 사무소측도 중국시장에서 그 가능성이 있다고 판단했던 듯 하다. 필자의 생각도 다르지 않아 수입상측을 독려하는 한편, 중국에서 처음 시행할 유자차의 마케팅을 준비했다.

추운 겨울 야외에서의 시음
홍보 효과 제대로

–

이렇게 해서 2003년 1월 한국산 유자차가 처음으로 중국에 들어왔다. 유자차의 수출시장 확대를 위해서는 중국인들의 반응을 확인할 필요가 있었다. 적은 돈을 들이면서 유자차를 홍보할 수 있는 가장 좋은 방법은 무엇일까? 가장 효과적인 홍보 방법을 찾던 중 겨울철에 중국인들이 많이 모이는 행사가 있다는 지인의 얘기를 들었다. 해마다 정월에 열리는 '묘회(廟會)'라는 행사였다.

묘회는 많은 사람이 참배하는 제례(祭禮)를 의미하는 것으로 우리나라로 치면 시제 정도에 해당한다. 다른 점은 많은 사람들이 넓은 장소에 모여서 몇 날 며칠을 각종 놀이를 하거나, 음식을 사고 팔면서 먹고 놀고 마시는 축제 같은 분위기로 진행된다는 것이다.

알아 보니 베이징시 석경산구에서 열리는 묘회는 매우 크고 유명한 행사였다. 추운 겨울 야외에서 열리는 행사인 만큼, 이 자리에서 유자차 시음회를 겸한 홍보판촉행사를 여는 것이 매우 적당할 것 같다는 생각을 했다.

겨울철 야외의 추운 날씨 탓도 있었겠지만 처음 맛보는 한국산 유자차에 대한 반응은 가히 폭발적이었던 것으로 기억된다.

유자차를 마셔본 이들의 반응은 '좋다'는 평가 일색이었다. 색과 맛에서 모두들 호감을 표했고, 어떤 차인지 어디서 구입할 수 있는지 묻는 이들도 많았다.

유자차
중국의 대형 유통점에서도 인기 끌어

–

이후 유자차는 중국에서 한국식품 종합판촉전을 할 때마다 단골 인기 품목이 되었다.

백화점이나 대형마트 판매도 꾸준했다. '베이징 묘회' 행사 후 상하이 구베이(古北)에 위치한 대형유통점인 까르푸에서 첫 판촉행사를 진행한

▲ 중국 대형유통매장에 진열된 한국 농협 유자차

결과 580g들이 유자차 한 병에 39元(위안, 한화 7,800원정도)의 고가임에도 불구하고 하루 400여 병이 팔려나갈 정도로 인기는 대단했다.

물론 판촉물도 별도로 나눠주고 시음 행사도 했지만 그 인기는 홍보 노력 이상으로 대단했던 것으로 기억된다.

지금 생각해 보면 '고흥두원농협' 유자차가 한국식품 한류의 문을 연게 아니었나 싶기도 하다. 지금도 베이징 · 상하이 등 주요 도시 대형유통매장은 물론, 편의점 등 웬만한 마트에 가보면 여러 종류의 한국산 유자차 브랜드가 유통되고 있는 것을 쉽게 볼 수 있다.

특히 유자차의 경우 다른 한국식품과는 달리 교민보다는 현지인 판매가 주를 이루고 있으며, 젊은 층부터 중장년층까지 고르게 선호하고 있어서 오랫동안 중국시장에서 사랑을 받을 수 있을 것으로 생각된다.

통신 판매의 아쉬운 선두 주자

—

지금처럼 온라인 유통이 성행하기 전에 한국산 유자차는 중국의 홈쇼핑에도 진출한 적이 있다. 필자가 aT 상하이지사장으로 근무하던 2009년 6월, 한국산 유자차가 우리나라 농식품으로는 처음으로 중국 홈쇼핑에 진출했다. 동방CJ 홈쇼핑(우리나라의 CJ그룹과 중국 상하이의 미디어 그룹 SMG(Shanghai Media Group)가 합작 설립)을 통해 유자차가 판매된 것이다.

한국산 유자차는 2003년 1월 중국에 첫 수출된 이후 중국 전역에서 여러 가지 브랜드로 인기리에 판매 중에 있었지만 홈쇼핑에 선을 보인 것은 이때가 처음이었다.

대형마트에서 인지도를 높인 유자차의 유통채널을 다변화해 판매를 늘리고자 홈쇼핑을 통한 통신 판매에 나선 것이었다. 당시 홈쇼핑을 통해 판매된 유자차는 1kg들이 5병 한 세트 제품으로, 가격은 우리 돈 5만 원 정도(258元)였던 것으로 기억한다.

한국식품으로선 처음이었던 유자차의 홈쇼핑 진출이 시도 자체는 좋았지만 몇 가지 현실적인 문제와 맞물려 일회성으로 끝나고 말았다.

우선 그 당시 유자차 제품형태가 홈쇼핑 유통방식에 맞지 않았다. 홈쇼핑 등 통신판매로 상품을 팔 때는 상품가격과 택배비, 마케팅비용 그리고 수익을 더해 구매단가가 정해지는데 당시 중국 홈쇼핑의 경우 최소 상품액 규모는 200元 이상이어야 했다.

▼ 중국에서 판매되는 농협 유자차 홍보물

그래야 배송비를 제하고 마진을 볼 수 있는 구조인 것이다. 여기에 맞추기 위해서 1kg들이 5개를 한 묶음으로 판매했던 것 같다.

그러나 당시 중국의 대형마트에서 판매하는 유자차 가격이 1kg 한 병에 50元 정도여서, 홈쇼핑으로 구입하는 것이 특별히 더 저렴한 것도 아니었던 데다가, 더욱이 일반 가정에서 소비하기에 1kg 들이 유자차 5병은 너무 많은 양이었다.

또한, 2009년 당시의 중국내 택배시스템은 광활한 각 지역에 5kg의 유리병에 담긴 식품을 안전하고 빠르게 배송하는데 어려움이 있었다. 이런 비경제적인 면이 드러나면서 유자차 홈쇼핑 판매는 중단된 것으로 알고 있다.

2003년 이후 꾸준한 인기
남은 과제는 고급화

–

한국산 유자차의 인기는 2003년 중국땅에 첫 선을 보인 이후 지금까지 꾸준히 이어지고 있다. 제품 품질이 우수한 측면도 있지만 중국에서 비슷한 제품을 만들어낼 수 없다는 이유도 있다.

중국에는 유자가 생산되지 않기 때문이다. 유자와 비슷한 과일로 호유(胡柚)라는 것이 있기는 하지만 당침가공을 했을 때 유자만큼 밝은 노란 색과 단맛이 나지 않는다. 이런 중국산 호유를 가공한 제품을 유자차라고 명명하여 판매하는 제품 중에 '헝쇼우탕(恒寿堂) 유자차' 제품이 상하이를 중심으로 2007년경부터 유통되기 시작했다. 그러나 그리 인기를 끌지 못하고 있는 것으로 알고 있다.

중국에 들어온 '고흥농협' 유자차가 인기를 끌게 되자 너도나도 유자차를 수출하겠다며 중국시장에 뛰어들었고, 유자차 시장은 혼탁해져 갔다.

한국에서 생산한 유자당침을 중국으로 가져가서 중국 현지에서 병에 담아 판매하는 업체가 생겨나기도 했다.

하지만 그런 와중에도 한국산 유자차는 중국식품 시장에서 한국식품의 대표주자로 오늘도 중국인들로부터 사랑을 받고 있다.

aT에 따르면 현재 한국산 유자차는 95% 정도가 수입벤더를 통해 유통되고 있는 것으로 나타나고 있다. 이 같은 현상은 유자차가 중국에 진출한지가 꽤 오래다 보니 수입 및 유통에 많은 노하우들이 쌓여서 비교적 용이하게 취급할 수 있는 품목으로 자리 잡은 데다가, 중국 소비자들의 꾸준한 사랑을 받고 있기 때문으로 해석되는데, 이런 이유로 한국식품 수입상 중 상당수가 지속적으로 유자차를 수입하고 있는 것으로 판단된다.

앞으로의 과제는 유자차 수출업체들끼리의 과당경쟁을 조정하여 제 값을 받고 수출할 수 있도록 해야 한다. 또 중국 호유를 이용하거나 한국산 당침을 혼합하여 생산유통되는 유사 제품과 정통 한국산 유자차와의 차별화라고 생각한다.

이와 관련해 농림축산식품부와 aT는 2012년부터 유자차 품질인증제를 시행 중이기도 하다. 유자 함량(32% 이상)과 식품 안전성 등의 심사를 통과한 제품에만 '한국유자(韩国柚子)'라는 품질인증마크를 부여하는 제도다.

이러한 노력들이 모여서 중국 대륙에 한국 유자차의 인기가 계속 이어지길 기대하며, 이를 위해서 한국산 유자차의 프리미엄 브랜드화나 디자인의 변화가 필요할 것으로 보인다.

[기고-정운용]

유자차를 수출 효자품목으로 키우려면

정운용 aT(농수산물유통공사)중국 상하이지사장

　중국으로 수출되는 한국산 농식품 중 현지인들에게 가장 잘 알려진 품목을 들라고 하면 유자차를 빼놓을 수 없다. 유자차의 대 중국 수출물량은 10월 말 현재 전년 동기대비 약 55% 늘어난 624만달러어치. 이런 추세라면 내년에는 1,000만달러어치를 돌파할 전망이다.

　필자가 aT(농수산물유통공사) 베이징 농업무역관장 시절 전남 고흥 두원농협이 생산한 유자차로 한국산 유자차 마케팅을 시작한 것이 2003년 1월이니 벌써 6년 전의 일이다. 당시 중국으로 들어온 유자차로는 '두원농협' 브랜드 하나뿐이던 한국산 유자차가 현재 20여개로 늘어 양적으로는 괄목할 만하게 성장했다.

　중국에서 유자차가 널리 알려지게 된 것은 유자의 색상이 중국인들이 좋아하는 황금색을 띠고 있는데다 단것을 좋아하는 중국인들의 기호에 맞고, 유자 과육을 씹는 맛과 독특한 향도 지니고 있어서다. 물론 농림수산식품부의 적극적인 수출 지원정책과 관련업체들의 시장개척 노력도 한몫 하고 있다.

　그러나 국내 수출업체간 과도한 가격경쟁이 성행하고 있는데다 한국산인 것처럼 유통되고 있는 중국산 저가 유자차로 인한 이미지 하락으로 한국산 유자차의 명성이 퇴색되지 않을지 매우 우려스럽다. 뿐만 아니라 일부 유자청 공장에서 다수의 주문자부착상표로 제품을 공급하면서 브랜드가 난립하고 이에 따른 '소비 충성도' 형성이 어려운 것도 수출시장 전망을 어

둡게 한다. 이런 문제점들을 해소하려면 우선 앞서가는 소비자들의 욕구를 충족시키기 위한 포장 디자인 리메뉴얼이 선행돼야 한다. 즉, 지금처럼 천편일률적인 유리병보다는 티백제품 등 다양한 제품이 개발돼야 한다. 또 가정소비가 많은 유자차는 일반 매장을 통한 판매가 대부분인데 푸드서비스 부문 진출로 소비를 확대시킬 필요성도 있다.

특히 '유자차 수출협의회' 활성화를 통한 수출 전문조직 육성과 공동브랜드 개발관리, 공동품질관리, 공동마케팅 등을 실행에 옮길 수 있도록 해야 할 것이다. 또 수출 물류비 지원을 할 때 품질인증을 획득한 일정규모 이상을 수출하는 계열화조직 중심으로 지원해 규모화를 유도하면 한국 고유의 특산품인 유자차가 수출 효자품목으로 우뚝설 수 있을 것으로 기대된다.

2

生(신선)우유를
수출하다니요?

"

    첫 해외주재 근무였던 3년간의 베이징농업무역관장 업무를 대과없이 끝내고, 2005년 2월 수출업무와는 직접적인 관련이 없는 aT 본사 홍보팀장으로 귀임했다.

    베이징으로 파견될 당시 서울시 용산구 소재 국제상사 빌딩에 전세살이로 입주해 있던 aT본사는 그 사이 서울 서초구 양재동 시민의 숲 인근 27000여평의 부지위에 국내 최초의 공영화훼공판장과 컨벤션 시설을 포함한 15층 규모의 자체사옥을 마련하면서 명실상부한 농업계의 메카로 그 위용을 자랑하고 있었다.

    회사의 위상이 달라진 만큼 대외 홍보의 중요성도 커졌고, 그만큼 홍보실의 할 일도 많아진 것 같았다. 어느 조직이나 그렇겠지만 해당 조직이 수행한 일이나 계획을 대외적으로 알리고 홍보하는 일은 무척 중요한 업무였기에 주어진 임무에 최선을 다했다. 그 공로를 인정받았는지 베이징에서 귀국 후 1년 4개월여 만인 2006년 7월 처장(1급)으로 승진 발령이 났다.

처장 승진 후 얼마 지나지 않아 다시 수출본부 해외마케팅 처장으로 자리를 옮기게 되었고, 자연스럽게 한국식품의 세계시장 개척을 주도해야 하는 업무를 수행하게 되었다. 그 사이 aT의 중국사무소는 베이징에 이어 2004년에 개소한 상하이와 2007년 개소한 칭다오까지 3곳으로 늘어나 있었다. 명칭도 '농업무역관'에서 '지사'와 '사업소'로 바뀌었다.

두 번째 중국 근무 발령
경제 수도 상하이로!

–

그러던 중 2008년 2월로 임기가 만료되는 aT상하이 지사장 후임을 선발하기 위해, 2007년 가을부터 3급(차장)과 2급(부장) 직원을 대상으로 몇 번의 공모절차가 진행되었다. 하지만 적임자를 찾지 못하고 내부적으로 고민을 하는 듯했다.

그 즈음의 어느 날, 당시 aT사장이시던 정귀래 사장으로부터 호출을 받았다.

정 사장께서는 코트라(KOTRA, 대한무역투자진흥공사) 출신이셨는데, 필자에게 상하이지사장으로 나갈 의향이 있느냐고 물었다. 그때까지 aT에서는 1급 직원이 해외에 파견된 사례가 없었지만, 코트라에서는 1급 직원도 해외지사 근무를 많이 한다면서 상하이 지사장직을 권유하셨다.

당시 53세였던 필자로서는(58세가 정년) 3년 근무 후 복귀하면 불과 2년 후에 정년퇴직을 해야 하는데다가 장성한 딸아이 둘과, 중국생활을

그다지 좋아하지 않는 듯한 아내의 동의도 구해야 했기 때문에 즉답을
할 수가 없었다.

　게다가 개인적인 희망사항이긴 했지만, 매년 aT가 처장급 중에서 한
명씩 보내는 '국방대학원'에 지원해야겠다고 생각을 다지고 있던 때라
망설일 수밖에 없었다.

　가족회의 끝에 다시 중국 상하이 근무를 받아들이기로 했다. 이것이
나에게 주어진 소명이겠거니 생각하기로 했다. 아이들도 성인이 다된 상
황이라, 베이징 농업무역관장 부임 때보다 오히려 편안한 마음으로 갈
수 있을 것 같았다.

生우유를 왜
수출 못 할까?

–

　상하이 지사장 근무가 결정되고 나니 파견 후 어떤 성과를 내야하나
고민이 됐다. 지금은 그런 분위기가 많이 사라졌겠지만 당시에 해외근무
를 나간다고 하면, 외국에서 호의호식하면서 편안하게 지낼 거라고 생각
해, 시기나 질투를 하는 분위기가 있었다.

　이런 분위기 속에서 직원으로서는 최고 직급인 1급 처장이 해외근무
중 조금이라도 실수를 하거나 성과를 내지 못한다면, 안팎으로 입방아에
오르내리기 십상일 것이라는 생각이 머릿속을 맴돌았다. 그런 생각을 하
면 할수록 두 번씩이나 중국에, 그것도 처장급이 나가면서 '뭔가 명분이
있고 성과 있는 일을 해야 할 텐데'라는 고민은 깊어만 갔다.

머릿속을 떠나지 않던 고민을 이어가던 어느 날, 옳다구나! 生(신선) 우유 수출을 성사시켜 보자는 생각이 들었다.

한국과 중국은 지리적으로 가까운데다가 한국산 우유의 품질이나 식품으로서의 안전성을 중국산 우유보다 더 높게 평가해 줄 것이라고 생각하니 시장 개척에 승산이 있겠다는 자신감이 들었다.

하지만 生우유 수출의 벽은 높기만 했다. 우유업체 몇 곳에 生우유를 수출할 의향이 없느냐고 전화를 했더니 일배식품(日配食品, 매일 혹은 2~3일 정도로 판매장에 배달되는 유통기간이 짧은 식품)인 우유를 어떻게 수출하느냐고 하면서 의외로 싸늘한 반응이었다. 궁리 끝에 우선 중국의 우유시장 현황부터 조사해 보기로 하고 당시 aT베이징 지사에 중국의 우유시장을 조사해서 본사로 보고토록 지시를 했다. 내용을 받아보니 그 때까지 중국시장에 멸균우유는 수입되고 있었지만 生우유는 수입 사례가 없었다.

가장 큰 난관은 유통기한이었다. 당시 국내의 生우유 유통기한은 9일 정도였기 때문에 감히 해외수출은 생각지도 못하고 있었던 것이다.

生우유!
중국 시장을 뚫어라

—

신선우유의 유산균을 살리면서 '순간냉동'을 하는 방안은 없을까? 혼자서 온갖 궁리를 하다가 당시 농식품부 수출진흥과장에게 도움을 청해 보기로 했다.

당시 담당 과장은 맡은 업무에 대해서 보기 드문 열정과 추진력을 갖춘 사람이었는데, 대략적인 내용을 전화로 설명한 후 만나서 협의하기로 했다. 분당의 어느 허름한 식당으로 기억되는데 '순간급속냉동' 전문가라고 하는 김모 사장과 셋이서 자리를 하게 되었다.

김 사장의 설명인 즉, 순간적으로 급속냉동을 시킨 후 필요시 해동하면 유산균의 손실 없이 신선한 우유를 마실 수 있다는 것이었다. 만약 그렇게만 된다면 이 방법이야말로 획기적인 신선우유 수출 방법이라는 생각이 들었다.

이 방법의 진위여부를 따져 볼 생각은 하지도 않고, 되는 방향으로만 생각을 굳힌 채 내심 신바람이 났다.

신선우유를 수출할 수 있겠다는 자신감으로 충만 된 채 이제 현지에서 신선우유 마케팅을 어떻게 할 것인지를 고민하면서 2008년 2월1일 상하이로 출발했다.

부임 후 이곳저곳 인사를 다니고 이삿짐을 정리하는 사이 20여일이 지나갔다. 그러면서도 내 머릿속은 오로지 신선우유 생각으로 꽉 차 있었다.

이제 우유수출을 추진해 봐야겠다고 생각하고 김 사장에게 연락을 했더니 연락이 안 되는 것이었다. 어찌된 일인가? 전화번호가 잘못된 걸까?

담당 과장에게 도움을 청했더니 그도 연락이 안 된다는 것이었다.

아! 허탈한 마음도 잠시뿐, 처음부터 다시 시작하기로 했다.

처음부터 순간급속냉동, 어쩌고저쩌고 하는 방법으로는 生우유 수출을 이뤄낼 수 없다는 것을 모르다니… 무지의 소치로소이다!

비록 유통기한이 짧은 단점이 있지만 꼭 수출을 성사시키겠노라 마음을 다잡았다. 원점으로 돌아가 정상적인 냉장상태(Cold Chain System)로 수출하는 방법을 찾기로 한 것이다.

우유 협동조합이
앞장서 주세요!

—

처음부터 다시 시작한다는 마음을 다진 후 상하이로 부임하기 전 접촉했던 우유업체 중 '협동조합'으로 운영되고 있는 '서울우유'에 다시 전화를 했다. aT상하이 지사의 마케팅 지원계획을 설명하고 서울우유협동조합이 生우유 수출에 앞장서 줄 것을 요청했다.

▼ 당시 일본계 교민지 우유광고 시안(좌), 당시 한국계 교민지 우유광고 시안(우)

마침내 2008년 4월 중순경 '서울우유'으로부터 중국시장으로의 우유 수출을 위임 받은 업체를 상하이 aT 지사로 보내겠다는 답을 얻었다.

중국으로 수출할 업체 대표와 직원이 '서울우유' 샘플 병을 들고 상하이 사무실로 찾아 왔다. 처음 만나는 업체 대표였지만 같은 생각을 가진 그와의 대화는 우유 수출을 진행하는 방향으로 일사천리로 진행되었다.

aT상하이 지사가 마케팅 준비를 하고 실행을 할 테니 수출업체는 통관·유통을 담당하여 수입·판매가 활성화 되도록 하자는 결의(?)를 다지고 헤어졌다.

'마누라가 예쁘게 보이면 처갓집 소말뚝도 예쁘게 보인다'는 옛말이 있듯이 우유를 수출하겠다고 하는 업체가 들고 온 '서울우유' 샘플 병은 지금도 그렇지만 '빨간색 뚜껑'에 상표 디자인도 산뜻하게 잘 만들어져서 아주 예쁘게만 보였다.

한국산 신선우유를 현지인들에게 알리는 일을 진행하기 위해서는 무엇보다 홍보비용이 필요했다. 매사에 매우 열정적인 업무 스타일로 임하고 있던 농식품부 담당 과장에게 도움을 청했다.

즉시 본사와 업무 협의가 진행되었고, 다른 광고 예산으로 편성되어 있던 4,500만 원을 신선우유 홍보예산으로 확보한 후 중문과 일어로 된 한국 生우유 포스터를 제작하는 한편 한인신문 및 일본교민신문에 한국산 生우유가 조만간 상하이에 들어올 것이며, 가정배달도 진행할 것이라는 내용의 광고를 게재 했다.

한국산 신선우유의 상하이 입성을 예고하는 광고는 일회성이 아니라 5개월 가량 지속적으로 한국, 일본 교민신문에 각각 게재했다. 교민들이 많이 모이는 식당이나 슈퍼마켓 등에는 포스터를 부착하는 방법으로 홍보를 해 나갔다.

그 당시 이러한 실무적인 일들을 묵묵히 처리해 준 상하이지사 직원들이 고마울 따름이다. 가족과 함께 쉬면서 어린 자식들과 놀아 주기에도 부족하였을 시기임에도 주말도 반납한 채, 평일에도 늦은 시간까지 모든 행정업무를 도맡아 처리해 주었다.

지금은 중견 사원이 된 김진섭 차장과 그 뒤를 이어 똑소리 나는 여직원의 진면목을 보여 준 조인경 차장, 현지 직원으로 채용되었다가 얼마 전 그만둔 오춘연, 이철 사원이 그들이다.

生우유!
통관기간 단축이 관건이다

—

수출업체 대표에게는 정식수출에 앞서 테스트 차원으로 멸균우유를 활용하여 통관을 진행해 볼 것을 권유했다. 유통기한이 짧은 일배식품의 단점을 미리 파악해 대처하기 위해서였다.

멸균우유 통관에는 서울우유 안산공장에서부터 상하이 교민시장 슈퍼마켓 입점 시까지 꼬박 3일이 소요되었다. 이렇게 멸균우유를 이용한 시뮬레이션을 세 번 정도 추진해 본 결과, 신선우유의 상품가치를 최대화하는 방안은 유통기한을 1시간이라도 단축하는 것이라는 결론을 내렸다.

당시의 신선우유 유통기한이 9일이었는데 이 중에서 통관하는데 3일을 소비하고 나면 남은 6일 안에 판매를 완료해야 했다. 게다가 남은 유통기한이 6일이라고 하더라도 유통기한이 2일 정도 남아 있을 경우 일반 소비자들은 구입을 주저하는 경향이 있기 때문에 이것까지 고려하면 팔 수 있는 기간은 고작 4일 뿐이었다.

'시간은 돈'이라는 말이 있듯이 통관시간 단축은 판매와 연결되기 때문에 바로 돈이라는 생각이 들 수밖에 없었다. 특히 유통기한이 짧은 신선우유 같은 '일배식품'은 신속한 통관이 생명일 수밖에 없다.

통관기간을 단축해야 한다는 것에 공감한 수출자와 수입자는 적극적으로 관계자들을 찾아 나섰다. 그 덕분에 먼저 샘플을 보여주고 일배식품임을 이해시킨 후, 사전에 통관서류를 제출하여 통관을 진행함으로서 24시간이 채 걸리지 않아서 상하이에서 한국산 신선우유를 마실 수 있게 되었다.

6개월의 노력
生우유 첫 수출이 이뤄지다

–

이런 노력 끝에, 2008년 9월 2일! 드디어 한국산 生우유가 중국 상하이에 역사적인 첫 발을 내딛게 되었다.

1리터 들이 신선우유 12병씩이 담긴 상자 100개가 들어온 것이다. 모두 1,200병에 불과한 물량이었지만 상하이 홍첸루의 교민시장을 중심으로 마켓에 입점한 결과 순식간에 동이 나버렸다.

한 병당 소비자 가격은 인민폐 35위안(元), 그 당시 환율로 환산하면 한화로는 7,000원이었다. 한국에서 1리터 우유가격이 1,800원 정도였으니 4배 가까이 비싼 가격이었다.

그럼에도 한국산 신선우유의 인기는 기대 이상이었다. 매장에 진열하기 바쁘게 모두 동이 났다. 첫 판매 후 일주일 만에 두 번째 물량이 들어왔는데 이런 양으로는 수요를 따라가지 못할 정도로 물량이 부족했다.

▲ 중국 수출용 우유 라벨표기 시제품

시장 반응이 뜨거운 것을 확인한 뒤 수출업체 대표에게 물량을 늘리고, 가격을 내려서 시장을 확대해 가자고 권했다. 그런데 어쩐 일인지 업체는 물량을 늘리지도 않았고 가격도 내리지 않은 채로 바쁘게만 움직였다.

멜라민 분유 사건과
'빨간색 뚜껑' 서울우유!

—

한국산 신선우유를 상하이에서 판매한지 2주쯤 지난 2008년 9월 14일, 중국에서 전대미문(前代未聞)의 식품유해 사건인 멜라민 분유 사건이 터졌다. 중국산 분유에서 멜라민 성분이 검출된 것이 뒤늦게 알려진 것인데, 멜라민이 함유된 유제품을 먹은 유아 4명이 사망하고 1만 2,800여 명이 신장결석·신부전증으로 입원치료를 받은 사건이다.

이 사건이 발생하자 중국 정부는 모든 판매장에서 중국산 유제품을 모조리 철수시키는 조치를 취했다. 이렇게 되자 '빨강색 뚜껑'의 한국산 신선우유는 없어서 못 파는 '명품'이 되었다.

▲ KBS방송화면 캡처

한국산 신선우유 시장을 확대할 절호의 기회가 찾아 온 것이다. 이런 기회를 살려서 우유시장을 확대해야겠다는 내 생각과는 달리, 당시 이 분야 시장을 독점하고 있던 '서울우유' 취급상의 움직임은 어쩐지 더디게만 비춰졌다.

뒤늦게 깨달은 것이지만 수입상 또한 한국산 신선우유 시장이 졸지에 커진 것을 모르는 바는 아니었으나 신속하게 대응하기에는 조직력과 자금력이 부족해서 거대 유통시장의 파도를 탈 수가 없었던 것이다.

멜라민파동이 터지고 한달이 넘도록 '빨강뚜껑'의 우유는 인기가 대단했지만, 단일 업체의 공급능력으로는 버거웠는지 한국산 신선우유의 시장 확대에는 한계가 있어 보였다.

그렇다고 다른 업체와 연계해 우유시장을 넓히자니 신선우유 초기시장 개척을 위해 애쓴 서울우유 수출업체 대표가 마음에 걸렸다.

▼ 신선우유관련 YTN 인터뷰 장면(좌), 신선우유관련 KBS 보도 장면(우)

그러는 가운데 멜라민 사건이 발생한 지도 어느 듯 한 달이 지나가고 있었다. 사람들의 뇌리 속에서 멜라민 사건이 잊혀져 가는 건 아닐까? 지금이 한국산 신선우유 시장을 확대할 수 있는 절호의 기회인데, 조바심만 더해 갔다.

生우유 브랜드 다변화로
수출시장 확대를

—

당시 서울우유 중국현지 취급상에게는 대단히 미안한 일이었지만, 이 절호의 기회를 놓치면 애써 만든 신선우유 수출시장을 개척할 기회를 놓치고 말 것 같았다. 한국 낙농가들의 소득보전과 한국식품의 중국시장 개척을 위해 추진해 왔던 신선우유 수출시장을 이렇게 놓칠 수는 없었다.

한국산 신선우유 수입선을 다변화하여 거대한 중국시장에 한국산 신선우유를 깔아야겠다는 각오를 다지는 순간이었다.

생각을 굳히면서 2008년 10월 22일경 상하이와 베이징에 주재하고 있는 한국 언론사 특파원들에게 '한국산 신선우유 상하이에서 불티나게 팔린다' 라는 제목의 보도 자료를 보냈다.

다음 날 KBS를 비롯한 한국 언론들은 이를 비중 있게 다뤘고, 이 소식을 접한 한국 내 유업체들은 '그게 사실이냐?'면서 즉각적으로 반응해 왔다.

불과 몇 달 전 중국시장으로 우유를 수출해 보지 않겠느냐고 타진할 때는 외면하던 우유업체들의 반응은 순식간에 바이어를 소개시켜 줄 수 있겠느냐?는 전화로 바뀌어 있었다.

지금은 롯데우유가 인수한 것으로 알려진 '파스퇴르우유'는 항공편을 이용해서 곧바로 상하이로 공수되어 들어왔고, 매일우유도 칭다오항을 통해 들어왔다.

당시는 지금처럼 우유가공 공장을 중국정부에 등록한 후 수출하는 제도를 운영하기 전이었기 때문에 중국으로 들여오는 데는 별 어려움이 없었다.

이렇게 한국산 신선우유의 수입업체가 늘어나면서 시장도 넓어지게 되었다. 수입상간의 경쟁도 치열하게 전개되면서 우유 가격도 1리터들이 한 병 가격이 당초 35위안 선에서 25위안으로 형성되어 갔다.

2008년 9월2일 초도물량 100박스가 상하이로 들어온 이래 한국산 신선우유 수출은 꾸준히 늘어나기 시작하여 그해 12월 말까지 4개월간 30여만 달러의 수출 실적을 거양하며 중국 전역으로 시장을 확대해 가기 시작했다.

한국산 우유의
비상(飛上)에 악재가...

–

'서울우유'를 비롯해서 한국산 신선우유는 2009년에도 일반 식품의 안전성을 믿지 못하는 중국인들의 높은 관심 속에 대도시 주요매장의 우유 판매코너를 점령해 가고 있었다. 이런 추세라면 한국산 신선우유가 중국전역의 우유 판매코너를 모조리 점령하는 것은 시간문제로 보였다.

2009년 한해 신선우유 수출액은 200만달러를 돌파하면서 수출효자 상품으로 자리매김 하는 듯 했다. 하지만 호사다마(好事多魔)라고 했던가? 그렇게 잘 나가던 한국산 신선우유 시장에 악재가 날아들었다.

2010년 1월초, 경기도 포천의 한 젖소 농가에서 구제역(발굽이 2개인 소·돼지·염소·사슴·낙타 등의 동물에게 생기는 제1종 바이러스성 법정전염병)이 발생한 것이다.

한국산 우유의 비상(飛上)을 시기하며 기회를 엿보고(?) 있던 중국 유업체들의 로비가 통한 것일까?

한국에 구제역이 발생했다는 한국정부의 발표 소식은 곧바로 '한국산 우유 수입 전면금지!'라는 중국정부의 발표로 이어졌고, 한국산 신선우유는 중국으로 갈 길을 잃어버리고 말았다.

구제역과 우유가 무슨 상관이란 말인가? 구제역 바이러스는 열에 약해서 50℃ 이상에서는 파괴되기 때문에 고기를 조리하거나, 살균한 우유에서는 구제역 바이러스가 모두 사멸된다. 뿐만 아니라 구제역은 공기로 전파되기 때문에 우유와는 아무런 상관이 없다는 것을 중국정부도 모르는 바는 아닐텐데…….

이렇게 중단된 우리의 신선우유 수출은 당시 베이징 주재 농무관(현 김진진감사관)을 앞세운 농림축산식품부의 노력으로 2012년 재개됐지만, 2014년 5월 1일, '수출작업장 등록'이라는 중국정부의 비관세 장벽을 넘지 못하고 또 한번의 위기를 맞게 된다.

중국으로 유제품 수출
수출 공장으로 등록 돼야

–

　중국 정부가 2013년 5월 1일부터 2014년 4월 30일까지 1년간의 유예 기간을 주면서 중국 정부가 인정하는 살균처리시설을 갖추고, 중국 정부로부터 수출공장으로 승인을 받아야 수출이 가능하다며 자격기준을 강화한 것이다.

　한국산 신선우유를 염두에 둔 것이라고 밖에 생각이 안 드는 발표였지만 별도리가 없었다.

　여기서 가장 문제가 된 것은 양국 간 우유 열처리 기준의 차이였다.

　우리나라는 초고온 순간살균법(130℃에서 2~3초)으로 처리한 우유를 '신선우유'라고 규정하고 있는데 반해, 중국은 이 기준 온도가 자국의

▼ 생우유 판촉사진

멸균우유 살균온도인 132℃와 비슷하다면서 인정을 못하겠다는 것이었다. 중국은 신선우유로 수출 하려면 저온살균법인 65℃~75℃의 온도에서 30분 정도 살균처리하는 소위 '파스퇴르' 공법으로 생산된 우유를 수출하라는 것이었다. 한국 우유업체들은 비상이 걸렸다. 중국으로의 수출은 남아도는 원유를 처리해 주는 좋은 방안이기도 했는데 아쉬웠다.

2015년 1월 우여곡절 끝에 중국 실사단이 국내 유업체 몇 곳을 직접 돌아봤고, 기존에 저온살균설비 공장을 보유하고 있던 '매일우유'와 안산공장에 새로운 설비를 갖춘 '서울우유' 등 몇 곳이 중국측 요구에 맞춘 생산시설로 그해 6월에 등록을 마쳤다.

한국엔 판매되지 않는 '중국시장 전용 한국 신선우유'를 생산할 준비를 완료한 것이다.

2010년 1월 구제역 발생으로 중단된 후, 두 번째로 수출이 중단된 지 1년 2개월만인 2015년 7월 국내의 신선우유와는 다른 '중국 수출 전용 한국신선우유'가 중국으로 다시 수출을 시작했다.

명실상부한 수출효자 품목
한국산 生우유!

―

현재 한국산 신선우유는 중국 대도시를 중심으로 유통되고 있으며, 주요 구매고객은 현지인 고소득층과 한인 등이 주를 이루는 것으로 보인다.

현지 소비자들은 수입 신선우유 중에 한국산 제품이 맛이 깊으면서도 깔끔하고, 상대적으로 중국과 거리가 가까워 더 신선하다고 평가하고 있는 듯하다. 몇 번의 위기 속에서도 포기하지 않고 잘 헤쳐나간 우리 농림축산식품부와 관계기관, 수출의지로 무장한 업체의 노력 덕분에 신선우유는 지금도 여전히 수출효자 품목으로 군림(?)하고 있어서 내 일처럼 뿌듯한 마음이다.

한국과 중국과의 지리적인 근접성을 활용해 신선우유 수출을 성사시켜야 겠다는 생각이 현실로 이어지기까지 이처럼 우여곡절이 있었다. 이제 중국에서의 시장성을 확인한 한국산 신선우유는 우리 식품의 대 중국시장 진출에 커다란 길잡이 역할을 하면서 내일도 수출효자 품목으로서의 역할을 다해 갈 것으로 굳게 믿는다.

3

生우유와 함께한
生막걸리

❝❞

생막걸리도 중국으로의 수출을 성사시키기 위해 필자가 집중했던 품목 중에 하나다. 살균막걸리가 유통되고는 있었지만 한국을 대표하는 전통막걸리의 맛을 가진 生막걸리가 유통되지 않고 있다는 것에 묘한 (?) 자신감을 느끼면서 마케팅을 하기로 했다. 2008년 9월 신선우유 중국수출을 성사시키고 1년 여가 지난 2009년 10월, 경기도 포천의 '이동 생막걸리'를 生우유를 들여오는 컨테이너에 같이 실어서 중국 땅에 들여 온 게 생막걸리 중국 수출의 시작이었다.

막걸리의 참 맛을 중국에 알리자!

—

2009년 여름쯤이었던 걸로 기억한다. 우여곡절을 겪으면서 성사된 生우유의 수출시장을 확대하기 위해 동분서주 하고 있는 가운데, 냉장상태로 운송해야 하는 生우유가 수입초기인 관계로 단일품목으로는 물량이 적다보니 컨테이너를 꽉 채우지(FCL : Full Container Load) 못하고 항상 일정 부분 빈공간이 있는 채로 들여온다는 사실을 알게 되었다.

냉장식품의 수출이 많지 않은 상황이어서 어쩔 수 없는 상황이라고 치부하기에는 뭔가 아쉬웠다. 그 빈 공간에 뭘 실으면 될까?를 궁리하다가 평소 한인 마트에 진열되어 있던 살균막걸리를 떠올리면서, 제대로 된 한국전통의 막걸리를 중국땅에 심어보자는 생각을 하게 되었다.

그 즈음 이미 일본시장으로는 生막걸리가 수출되고 있었기 때문에 중국시장으로도 가능할 것이라고 판단했다.

生막걸리는 냉장을 필요로 하기 때문에 生우유와 혼적을 하면 아주 괜찮은 구성품이 될 것이라는 생각이 들었다. 그런데 문제는 우유와 달리 소비자들이 절대적으로 필요로 하는 '일배식품'도 아닌데다가 유통기한도 10여일 정도 밖에 안되는 生막걸리를 누가 수입하여 유통하려고 할까? 하는 것이었다. 그래도 한번 해보자. '우유도 해 냈잖아' 혼자서 生막걸리 수출에 전의를 다지면서 시원하고 상큼한 본고장의 전통막걸리 맛을 보여주자는 생각에 마음이 설렜다.

生우유 컨테이너에
生막걸리를 실어라!

–

살균처리를 하지 않은 生막걸리는 유산균이 살아있지 않은 살균막걸리와는 달리, 발효주로서 상큼한 고유의 맛을 유지하고 있는데다가 유산균이 살아있어서 이미 한국에서는 '웰빙주'로 인기를 끌고 있었다. 그러나 유통기한이 열흘 정도로 짧은데다가, 적은 규모의 한인시장만 보고 중국수출을 추진하기에는 어딘지 마음이 편하지 않았다.

▼ 당시 aT상하이 지사에서 만든 생막걸리 중문 홍보물

'수입은 어느 업체가? 수출은 어느 업체가? 마케팅은 어떻게?' 혼자서 고민하다가 生유유를 수출하고 있던 업체 대표에게 生막걸리를 취급할 의향이 있냐고 물었더니 긍정적인 반응이었다. 당시 막걸리 수출을 위해 매우 적극적으로 움직이던 포천 이동주조를 소개하면서 生우유를 싣고 오는 컨테이너에 혼적해 들여오는 방법을 제안했다.

生막걸리가 상하이로 들어올 경우 비교적 막걸리를 잘 알려져 있는 일본교민시장 및 한인시장을 중심으로 마케팅을 추진한다는 계획을 세웠다. 그런 후 生우유 때와 마찬가지로 전단지도 만들어서 배포하고 포스터도 만들어서 한국식당과 일본식당, 한인마트 등에 부착하는 등 나름대로 사전 준비를 했다.

2009년 10월 27일, 드디어 상하이에 유통기한 20일을 표기한 한국산 生막걸리가 처음으로 중국시장에 들어왔다. 生우유 수출을 통한 경험과 노하우가 있어서인지, 生막걸리 수출은 生우유보다 수월하게 진행할 수

▼ 막걸리 판촉행사

있었던 것 같다. 다만 당시에는 발효주인 生막걸리에 대한 통관 기준이 없어서 중국의 술인 황주(쌀로 만들었다고 해서 미주(米酒)라고도 부르는 알콜도수 20도 미만의 양조주)의 기준을 적용하여 통관한다는 말을 듣고 하루속히 개선되어야할 부분이라고 생각하기도 했다.

그렇게 해서 한국에서 선적한 상큼한 맛의 生막걸리를 이틀 만에 중국 상하이에서 마실 수 있게 됐다.

막걸리 홍보대사
호칭을 얻다

—

2009년 10월 27일, 중국땅에 첫 상륙한 生막걸리는 상하이 내 한국인과 일본인 밀집지역의 식당과 마트를 중심으로 판매가 시작됐다.

모든 한국식품이 처음에 해외에 진출할 때는 다 그랬던 것처럼 인지도가 낮은 막걸리를 보급시키기 위해서는 버텨내야 할 비빌 언덕이 필요 했다. 그 비빌 언덕이 한인시장이었기에 교민시장을 중심으로 유통을 시키기로 한 것이다.

生막걸리 수입업체와 필자는 교민들이 모이는 곳에 生막걸리 샘플을 나눠주고, 기존 살균막걸리와의 차이를 설명하며 적극적으로 알려 나갔다.

중국에 있는 교민들 뿐 아니라 막걸리를 접해본 일본인들, 개인적으로 알고 지내는 중국인들을 포함해서 사람들을 만날 때마다 生막걸리를 홍보했다. 퇴근 후에는 비교적 규모가 있는 한국 식당들을 순회(?)

하기도 했다. 식당주인에게 生막걸리가 있느냐고 물어보고는 없다는 대답을 들으면, 옆에 슈퍼마켓에 팔던데 몇병만 사다주세요 라고 주문하곤 했다.

지인들과 함께 하루가 멀다 하고 교민식당을 순회하면서 生막걸리를 홍보하고 다녔다. 그런 노력의 덕택인지 자연스럽게 교민사회를 중심으로 生막걸리 판매량이 늘어나는 것을 느낄 수 있었다.

어찌나 막걸리를 홍보하며 다녔던지 당시 한인사회에서는 필자만 만나면 막걸리 얘기를 꺼내곤 했다. 그런 덕택에 필자는 한인교민 사회에서 자연스럽게 '막걸리 홍보대사'라는 호칭을 하나 달고 다니게 되었다.

生막걸리 가는 김에 한국 '아이스하드'도 같이

—

生막걸리에 얽힌 일화를 소개하고자 한다. 生막걸리를 중국으로 수출할 수 있도록 해야겠다는 생각을 굳힌 후인 2009년 여름 서울로 출장갔을 때 이야기다.

중국으로 귀임하면서 하얀 스티로폼 상자에 生막걸리 샘플을 10여병 담은 후 生막걸리의 냉장상태를 유지하기 위해 막걸리병 사이사이에 '아이스하드'(아이스팩을 사용할 수도 있었으나 기왕이면 한국산 아이스하드를 중국인들에게 선보이고 싶었음)를 꽂은 후 비행기 수화물로 탁송하고 상하이 공항에 도착 했을 때이다. 공항 세관원이 스티로폼 상자안의 내용물을 보고는 뭐냐고 물었다.

녹색페트에 담긴 막걸리를 술이라고 하면 영락없이 압수될 것 같아서 순간적으로 음료라고 둘러 댔다. 고개를 끄덕이면서 막걸리병 사이사이에 꽂아 놓은 '아이스하드'를 보고는 이건 또 뭐냐고 묻기에 삥치링(冰淇淋 : 아이스크림)이라고 했더니 별말 없이 통과시켜 준적이 있었다.

그 당시로서는 초록색병의 한국 生막걸리를 구경도 못해본 중국 세관원에게 거짓말을 한 꼴이 되었지만 그렇게 들고 들어간 生막걸리를 샘플로 유용하게 활용했던 기억이 새롭다.

生막걸리 병뚜껑의
비밀을 아시나요?

—

2009년 연말 상하이 한국 교민들과 함께하는 송년회 자리에서였다. 이날도 어김없이 한국산 生막걸리를 알리려고, '이동주조'로부터 20여박스의 '生막걸리'를 협찬 받아 행사장 테이블에 쭉 깔아놓았다.

식사가 시작되고 메인테이블에 함께 앉게 된 한 교민이 필자를 보더니 막걸리에 대해 험담을 늘어놓기 시작했다. 막걸리를 좋아해서 한국산 생막걸리를 사다가 집의 냉장고에 보관해 두고 먹는데, 병뚜껑이 허술하여 막걸리가 절반은 쏟아지고 없더란 얘기를 하면서 한국산 제품의 포장수준이 이 정도 밖에 안되니 부끄럽다는 것이었다.

그 분에게 막걸리를 어떻게 보관했느냐고 물었더니 막걸리 병을 눕혀서 보관했단다.

그 얘기를 들은 필자는 生막걸리 병뚜껑을 여닫는 나선형 홈에 수직으로 파여진 홈을 가리키면서 生막걸리는 발효주이며, 평소 유통 도중에도 발효가 진행되기 때문에 발효과정에서 발생하는 가스를 배출시키기 위해 홈을 파놓는다. 그렇기 때문에 병을 눕히면 내용물이 새어 나오게 되어 있으니 반드시 병을 세워서 보관해야 한다고 알려줬다.

또 유리병에 이런 홈을 파려면 비용이 많이 들고 운송 중 파손위험도 있어서 플라스틱 패트병 용기를 사용한다는 설명도 덧붙였다. 필자의 설명을 듣고 나서야 그 분을 비롯한 교민들은 生막걸리에 대해 깊은 이해심을 갖는 듯 했다. 이처럼 生막걸리에 대해 하나씩 알려간 덕분인지 교민사회를 중심으로 生막걸리의 판매는 꾸준히 늘어 갔다.

유통기한 크게 늘린 生막걸리
수출로 인기 이어가

–

生우유 덕에 수출 길을 열었던 '포천이동 生막걸리'는 아이러니하게도 生우유 때문에 수출길이 막혀버렸다. 2010년 1월 초, 한국 경기도 포천에서 발생한 구제역을 빌미로 중국정부가 한국산 生우유 수입을 전면 금지하면서 生막걸리 수입도 함께 중단되게 된 것이다. 그 당시 영세규모의 수입상으로서는 生우유를 싣지 않은 채, 生막걸리만을 실어서 운송하기에는 수지 타산이 맞지 않았던 듯 하다.

그렇다고 상하이 현지 유통라인에서 찾는 생막걸리를 공급하지 않을 수 없었던 중간유통업체는 '국순당'측과 접촉하여 '포천이동막걸리' 대신에 '국순당생막걸리'를 유통시키기 시작했다.

국순당생막걸리는 '포천이동생막걸리'의 약점이었던 유통기한 20일 보다 훨씬 길어진 3개월을 찍어서 내보냄으로서 취급자들에게 환영 받는 상품이 되었다. 현재는 중국은 물론 동남아시아까지도 수출되고 있는 것으로 알고 있다.

여기서 한가지 알고 가자. 같은 생막걸리인데 어떤 제품은 유통기한이 20일이고, 어떤 제품은 90일이라고 하니 소비자 입장에서는 혼란스러울 수도 있다. 그러나 식품의 유통기한 설정 권한은 식약처나 다른 정부기관이 행사하는 것이 아니라 생산자의 책임 하에 결정된다는 것을 참고로 밝혀둔다.

제품 생산자가 제조기술 등을 감안하여 유통기한을 결정하는 대신 유통기한 내에 인체에 유해성이 발생했다면 책임 또한 생산자가 져야함을 의미한다. 어떻든 生막걸리 중국 수출도 모두들 힘들다고 한 것을 해낸 사례다. 유통기한이 짧다는 치명적인 단점을 극복해 수출 길을 연 것이다. 아무리 어려운 일이라도 방법은 있게 마련이다.

生우유가 그랬고 生막걸리가 그랬다. 더욱이나 한국과 중국은 선박을 이용한다 하더라도 하루면 도달할 수 있는 물류 거리이기 때문에 시장성만 있다면 유통기한이 문제가 되는 것은 아니므로 제2, 제3의 生우유나 生막걸리의 수출이 이어졌으면 하는 바람이다.

4

세계 최대 쌀 소비시장
중국으로 간 '한국 쌀'

"

쌀은 2015년 말 관세화 되기 전까지는 농림축산식품부 장관의 승인을 받아야 수출할 수 있었다. 그러나 현재는 중국으로 쌀을 수출하려면 농식품부를 통해서 중국 질검총국(AQSIQ)에 쌀 가공공장 등록을 한 다음, 여기서 도정한 쌀만 수출할 수 있도록 양국 간에 협상이 되어 있다.

이에 2016년 1월 중국 검역당국 관계자들이 국내 RPC(미곡종합처리장, Rice Processing Complex)을 방문해 쌀 수입을 위한 위생검사 등 검역 절차를 진행했고, 6곳의 RPC가 검역실사 조사를 통과해 적합 판정을 받았다.

쌀, 중국 정부에
가공공장 등록해야 수출 가능

–

등록 RPC를 거쳐 쌀을 수출하는 과정을 살펴보자. 농림축산검역본부를 통해 훈증소독을 실시한 뒤 훈증소독증명서를 발급 받고, 선적 전에 국내 검역관에 의한 수출검역을 받는다.

국립농산물품질관리원으로부터 원산지확인서도 발급받는다. 쌀 포장지에는 중국어로 '중국 수출용'이라고 표기하는 등 관련 규정에 맞춰 중문라벨을 사전 검토한 다음 라벨을 제작한다.

그 다음부터는 중국에서 이뤄지는 수입절차인데, 중국 항구에서 CIQ(China Inspection and Quarantine Services, 중국검험검역국) 신고와 세관 신고, 중국세관의 랜덤 검사를 통과한 다음 관세를 납부한다. CIQ 제품 샘플링 검사 및 라벨 심사와 중문 라벨 부착, 검험검역증명서까지 발급받으면 중국 내 판매유통이 가능하다.

이렇게 2016년 3월, 6개 등록 RPC에서 생산된 쌀 30톤이 군산항에서 중국 상하이로 수출되어 3월 말부터 상하이의 68개 마트 등에서 판매가 시작됨으로써 한국산 쌀이 중국 시장에 첫선을 보이게 된 것이다.

그런데 쌀 중국수출을 위해서는 몇 가지 유의해야 할 것이 있다.

쌀 수분에 대한 한국과 중국의 규정 차이인데, 한국 쌀은 수분 요구기준이 16%이하지만 중국은 중단립 쌀(우리나라에서 생산하는 품종은 자포니카 계열의 쌀) 수분 요구가 15.5%이하라고 한다. 또 수출 쌀 포장에서 중요한 것은 재질이나 디자인보다 훈증하기에 얼마나 편리한가 하는 점이라고 한다.

참고로 포장재 겉에는 '本产品输往中华人民共和国'라고 명확하게 표기하고, 쌀 종류, 가공 업체 명칭 및 주소, 수출업체의 명칭 및 주소 등을 반드시 표기하도록 규정하고 있다.

쌀 소비대국 중국
고급 쌀 시장 전망 밝아

–

농식품부 자료에 따르면 중국은 세계 최대 쌀 생산국이자 소비국으로, 수출량보다 수입량이 10배 정도 많은 국가다.

필자가 2016년 5월초 중국 상하이 대형마트에서 판매중인 국가별 쌀 가격을 비교해봤더니 1kg 제품을 기준으로 한국산이 37위안, 중국산은 10~33위안, 일본산은 79~99위안, 대만산은 35~89위안 이었다. 일본쌀이 가장 고급제품으로 인식되며 판매되고 있었고, 한국산과 대만산이 그 다음 수준, 중국산이 가장 가격이 낮았다.

중국에는 우리나라나 일본에서 먹는 자포니카 계통의 쌀과 동남아 지

▼ 2016씨알차이나 전시회에서 한국쌀 전시 홍보장면

역에서 먹는 인디카 계열의 쌀 등 모든 품종이 다 있다. 자포니카 쌀은 중국 동북지역에서 주로 생산되는데 그 중에서도 많이 알려진 것이 '오상쌀'로 중국산 중에서

▲ 중국 수출용 쌀 포장 디자인

는 가장 비싼 1kg에 33위안에 판매되고 있었다. 한국산 쌀은 이제 막 시장에 나오기 시작했지만 안전하고 맛이 좋다는 것을 강점으로 내세워 대만쌀과 비슷한 가격으로 판매 중이었다.

중국 현지에서 생산되는 쌀과 동남아에서 주로 수입하는 쌀은 품종도 다르고 품질이 낮은 것으로 평가받고 있어서 한국산 쌀의 경쟁대상은 대만쌀과 일본쌀이다.

중국시장에서 유통되는 고급쌀은 그 만의 특징이 있었는데, 우선 포장이나 박스, 캔 등 포장부터 달랐다. 고급쌀 제품은 1~2*kg* 소포장이 주를 이루고 있었다. 이런 소비성향에 맞춰 중국에서 판매되는 일본쌀이나 대만쌀, 중국산 고급쌀은 모두 1~2*kg* 단위로 포장되어 있었다.

한국산 쌀 또한 전통적이고 고급스러운 한복, 경복궁 이미지를 차용한 2kg들이 소포장지에 포장되어 판매 중이었다. 한눈에 봐도 한국산임이 분명히 드러나는데다 소포장 형태라 백화점은 물론이고 마트, 편의점, 온라인 쇼핑몰 등에서 판매되기에 적합한 디자인을 한 것 같다.

중국은 쌀 수입쿼터 보유 여부에 따라
관세가 다르다

—

한국산 쌀은 2016년 8월까지 모두 328톤이 중국 시장으로 수출되었다고 한다. 그러나 한국쌀에 대한 인지도가 낮은데다가 홍보 부족으로 그리 높은 인기를 누리지는 못하고 있는 듯하다. 한국산 쌀이 중국시장에서 먹히려면 아주 고품질이거나, 아니면 가격 경쟁력을 갖춰야 할 것으로 생각되는데, 한국산 쌀은 어중간한 위치여서 그런 게 아닐까 싶다.

더욱이 한때 수출된 쌀에서 벌레가 검출되었을 뿐만 아니라 진공포장 상태가 해체되어 상품의 가치를 저하시킨 사례도 있어, 수출용 쌀 포장 및 훈증소독 관리에 유의해야 할 것이다. 또한 중국으로의 쌀 수출은 반드시 중국 내 쌀 수입쿼터를 보유하고 있는 업체와 진행해야 가격경쟁력을 확보하는데 유리하다.

중국은 자국 농가 보호를 위해 매년 수입 쿼터 물량을 532만 톤으로 정해 놓고 있는데, 쿼터를 확보한 수입업체가 수입하는 물량에 대해서는 1%의 관세를 부과하지만, 쿼터를 확보하지 못한 업체가 수입하는 물량에 대해서는 65% 관세를 부과하고 있다.

그래서 중국으로 수출하기 위해서는 중국 정부로부터 수입쿼터를 배정받은 수입업체를 통해 수출을 해야 하는데, 현실적으로 볼 때 만만치 않은 상황이라고 한다.

쌀 쿼터가 국가별로 물량이 정해진 게 아니라, 수입업체별로 물량이 정해져 있어 수입업체로서는 수익이 많이 나는 국가의 쌀을 수입하려 한다는 것이다.

중국시장의 이런 상황을 악용해, 수입쿼터도 없는 업체들이 중국으로 쌀을 수출할 수 있도록 해 주겠다며 국내 RPC나 지자체 등에 접근하는 경우도 있다고 하니 쌀 수출업체 입장에서는 유의할 일이다.

고품질 쌀 확보와
가격 경쟁력 갖춰야

−

수출업체나 관계기관 할 것 없이 중국시장에서 한국 쌀이 롱런하려면 고품질의 상품과 가격 경쟁력을 갖추는 게 최선이라고 입을 모은다.

그래야 65%의 관세를 물더라도 중국 현지에서 판매될 수 있다는 것

▼ 중국에서의 쌀 판촉 현장. aT제공

이다. 중국산 쌀도 한국산 쌀에 비해 결코 뒤지지 않는 미질을 갖고 있다. 그런데다 이미 한국 쌀은 중국 쌀의 2배 이상 가격이기 때문에, 여기서 가격이 더 오를 경우 비슷하게 평가받는 대만쌀에 밀릴 수 있다는 분석이다.

아직까지 수출 초기이기 때문에 쿼터제 내에서 1% 관세로 수출되고 있지만, 앞으로 수출물량이 늘어날 것에 대비하려면 관세를 포함한 가격 문제는 반드시 해결해야 할 것이라는데 적극 공감한다.

아울러 아직까지는 지정된 미곡 처리장을 통해서만 쌀 수출이 가능하지만, 앞으로는 이 부분도 개선됐으면 하는 바람이다. 등록되지 않은 RPC에서도 별도의 검역 실사 없이 서류 처리만으로 중국 수출이 가능해진다면 수출에 드는 절차와 비용 · 시간을 줄일 수 있을 것이고 이는 곧 가격을 낮추는 효과로 이어질 것이기 때문이다.

더욱이 중국은 HMR(가정간편식 · Home Meal Replacement) 시장이 급성장하고 있는 국가다. 한국 쌀을 이용한 인스턴트 밥이나 쌀 가공식품의 수출을 확대하기 위해서라도, RPC 등록제나 각종 서류절차의 완화가 하루빨리 이루어졌으면 한다. 물론, 무분별한 수출로 시장이 무너지는 상황은 막아야 한다. 지금처럼 공동브랜드로 수출을 진행하되 절차를 간소화할 필요가 있다는 생각이다. 중국에서 판매되는 모든 한국식품이 한류의 덕을 톡톡히 보고 있지만, 언제까지 여기에 기댈 수는 없는 노릇이다. 장기적으로는 색이나 성분 등을 달리한 기능성 쌀로 제품 수준을 한층 높이는 노력도 필요하다고 본다.

5

중국 신선 농산물에
도전하는 '한국 포도'

66

    한국산 채소·과일 중에서 중국으로 첫 수출된 품목은 '포도'다. 보다 구체적으로 설명하자면 2015년 9월 22일, 경북 상주 '모동포도'와 충남 천안 '하늘그린 거봉포도'가 중국으로 수출되어 상하이, 충칭, 샤먼의 대형마트를 통해 중국 소비자에게 첫 선을 보인 것이 한국산 신선농산물 중 과채류의 첫 수출 사례로 기록될 것 같다. 처음으로 검역협상을 통과한 포도의 사례를 통해 다른 신선농산물의 대 중국 수출 가능성 및 수출 절차를 가늠해 볼 수 있을 것이다.

7년 여 검역협상 끝에
한국 포도 만리장성을 넘다

–

    쌀이나 포도 등 신선농산물은 수출하기 전 두 나라 간에 검역협상을 거쳐야 한다. 많은 이들은 한 · 중 FTA가 발효됐으니 자유롭게 농식품들의 교역이 가능한 것으로 생각하고 있는 것 같다.

그러나 그런 것은 아니다. 자국민의 건강과 위생을 고려한 상대국가의 검역을 통과하지 못하면 어떤 농식품도 통관될 수 없다. 한국과 중국 사이에도 검역협상이 타결된 품목에 한해서만 수출을 할 수 있다.

하지만 농산물 검역협상에는 상당히 긴 시간이 소요되고, 신선농산물에 대한 검역협상이 타결되어 중국으로 수출 된다고 하더라도 한국농산물은 중국시장에서 가격 경쟁력이 없다는 게 대다수의 생각이었다.

이런 이유로 수출업체들은 중국시장에는 가공식품만 수출 가능할 것이라고 여겼고, 실제로 가공식품만 수출하고 있었다고 해도 과언이 아닐 것이다.

▼ 서상주 농협의 신선포도 중국 수출 선적 기념식 장면

그렇다고 중국이라는 세계 최대 시장을 바라보고만 있을 수는 없는 일. 한국산 신선 농산물이 중국 현지에서 생산하는 비교적 저렴하고 품질 좋은 신선 농산물과 경쟁할 방법을 찾아야 했다.

농식품부가 중국 수출 유망품목으로 지정한 신선 농산물은 모두 8가지로, 포도와 쌀을 비롯해 파프리카 · 토마토 · 참외 · 딸기 · 단감 · 감귤 등이다.

2009년 우리 정부는 이들 품목에 대해 중국 정부에 일괄 수입허용을 요청했는데, 처음으로 중국 수출 길을 연 포도의 경우만 보더라도 수출이 성사되기까지 무려 7년의 기간이 걸렸다.

쌀, 포도 이어
한국 신선 농산물 검역협상 중

—

농산물 수출을 위해서는 두 나라 사이에 SPS협정(국제동식물검역규제협정, Agreement on the application of sanitary and phytosanitary measures)에 의거하여 검역협상이 타결되어야 한다. 식품첨가물, 오염물질(잔류농약, 중금속, 기타오염물질), 병원성 미생물, 독소 등에 걸쳐 기준치와 규격을 국제적으로 정하고 이를 통과할 경우 식품의 교역을 거부할 수 없도록 규정하고 있다.

특히 검역협상의 한 부분인 PRA(병해충위험분석, Pest risk analysis)는 자국 농산물을 보호하기 위해 외국산 신선 농산물의 수입을 막는 대표적인 비관세 장벽으로 작용하는 경향이 있다.

PRA는 국가 간의 이해관계에 따라 짧게는 수개월, 길게는 10여년을 넘게 끄는 경우도 있다. 어찌 되었던 수입국 측에서 문제 없음이라고 인정을 해야만 신선 농산물을 수출할 수 있는 것이다.

2009년 우리 정부가 중국에 수입허용을 요청한 8개 품목들은 동시에 검역협상을 진행하는 것이 아니라 우선순위에 따라 순차적으로 협상을 진행 중이라고 한다.

검역본부에 따르면 포도와 쌀에 이어 2016년 파프리카에 대한 검역협상이 막바지 단계이며, 파프리카 검역협상이 마무리되는 대로 토마토 · 딸기 등에 대한 협상을 진행할 계획이라고 한다.

검역협상 대상 품목여부와 상관없이 중국 현지의 상황과 소비특성을 고려할 때 수출 가능성이 있는 신선농산물을 알아보고자 한다.

참외와 수박
차별화된 식감과 당도로 전망 밝아

—

필자가 판단하기에 중국수출이 유망한 한국산 신선 농산물은 참외와 수박이다.

참외부터 이야기하자면, 참외는 당도가 높으면서 식감이 아삭하고, 중국인들이 좋아하는 노란빛의 과일이라 시각적으로도 시장의 관심을 끌만한 품목이라고 생각된다.

2016년 5월 중국 상하이에서 열린 시알차이나(SIAL China) 2016 전시장에도 한국 참외가 등장해 무척 반가웠던 기억이 난다. 중국시장의 반응을 테스트하기 위해 '한국식품연구원'이 홍콩을 거쳐서 참외를 가져와 전시하고 있었는데, 바이어와 관람객의 관심이 집중되는 걸 보면서 시장성이 있겠다는 생각이 들었다.

참외 주산지 경북 성주시도 중국 심천, 혜주에서 시장조사를 실시하고 홍콩수출 물량을 확대하는 등 중국수출을 위해 본격적인 시동을 건 상태라니, 참외 중국수출이 조만간 이뤄지지 않을까 기대해본다.

우리 정부가 유망품목으로 지정하지는 않았지만, 한국산 수박도 중국시장에서 선호할만한 신선농산물이라고 판단된다. 중국에도 수박이 있지만 한국산 수박만큼 아삭한 맛이나 단맛이 강하지 않기 때문에 중국산 수박과 확실한 차별화를 통해 고급 과일로 인기를 끌 가능성이 있을 것으로 생각이 된다.

딸기·파프리카
수출 노하우 있어 시장 진출에 유리
–

신선 농산물 중에서도 저장 기간이 짧은 편인 딸기도 현재 태국, 싱가포르, 말레이시아 등 20여 개국에 수출이 잘 되고 있다. 수출이 이뤄진지 벌써 5년째로 지난해 수출 물량은 3000톤이 넘었다고 한다. 특히 수출딸기는 매향, 설향 등 당도와 저장성이 우수한 국산품종이어서 현지에서 좋은 평가를 받고 있다고 들었다.

이외에 중국으로 수출할 수는 없지만 한국산 감귤류도 중국 시장에서 인지도가 높다고 한다. 최근 aT의 조사에 따르면 감귤류 중 '천혜

향'이 소비자 맛 평가에서 100점 기준 68.6점을 얻어 조사대상 전체 농식품 중에서 가장 높은 점수를 받았다고 한다.

여기에는 중국인들이 제주도에 대해 갖고 있는 청정 이미지도 한 몫 하지 않았을까 싶다.

우리 정부와 중국간 수출 검역협상이 마무리 단계인 품목은 파프리카다. 파프리카의 경우 2009년 우리정부가 검역협상을 요청한 이후 8년째 검역협상이 진행 중이다. 협상이 타결되면 한국산 파프리카의 높은 품질과 맛을 앞세워 현지 부유층을 겨냥한 시장진출이 이뤄질 것으로 보인다. 더욱이 중소과를 선호하는 일본시장과 달리, 중국은 대과를 선호하기 때문에 향후 수출물량 공급에도 큰 문제가 없을 거라는 게 국내 파프리카 수출조직의 입장이다.

양국 정부 간 수출 검역협상만 잘 진행된다면 파프리카를 비롯해 참외와 딸기의 중국진출은 무척 희망적이라고 판단된다.

까다로운 샘플 검사·포장 작업 거친
'상주 모동포도'

—

중국으로 포도를 수출하려면, 먼저 수출하고자 하는 과수원과 APC(농산물산지유통센터)가 농림축산검역본부 관할 지역본부 또는 사무소에 등록이 돼야 된다. 이때 관련 정보는 수출 전에 한국 농림축산검역본부(Animal and Plant Quarantine Agency, 이하 QIA)에서 중국 국가질량감독 검험검역총국(国家质量监督检验检疫总局, General

Administration of Quality Supervision, Inspection and Quarantine, 이하 AQSIQ)으로 제공한다. 자격요건을 갖춰 AQSIQ에 최종적으로 등록된 과수원과 포장센터에서 생산한 포도만 수출 가능하며, 등록지 명단은 AQSIQ 홈페이지에서 검색할 수 있다.

모동포도를 수출한 경북 상주시 모동면의 포도재배단지는 2015년 7월말 수출단지 지정을 받았다.

포도수출을 주관하고 있는 서상주농협(조합장 : 박경환)에 따르면 수출단지 지정을 받기까지 2015년 1월 2차례에 걸쳐 중국 검역본부 관계자가 현장을 방문해, 병해충 검사 등을 진행하는 재배지 검사를 받은 바 있으며, 모동처럼 신규단지로 지정받으려면 중국의 검역관이 직접 한국으로 와서 검역 등을 진행한다고 한다.

또한 포도에서 병해충 샘플검사는 한 송이당 600g무게의 포도를 기준

▼ 상주시 모동면 포도재배 단지를 방문한 중국 검역 관계자들. 서상주 농협제공

으로, 전체물량의 2% 이상에 대해 샘플을 채취해 검사를 진행하게 되는데, 100상자 중 2상자 꼴이어서 전체적으로 보면 상당히 많은 양을 검사용 시료로 쓰는 셈이다.

샘플검사를 통과한 다음에는 포도를 개별 포장하는 것은 물론이고 2kg상자에 담고 상자마다 봉인하는 과정을 거친다. 포장부터 선적까지 과정이 복잡하고 시간이 꽤 오래 걸린다고 하는데, 포장 완료한 포도는 보통 40f/t 컨테이너에 2kg상자 4500박스가 실리며 컨테이너에 실은 다음에는 살균 소독을 한다고 한다.

수입지 검역으로
중국 통관 까다로워 질듯

－

선적해 보낸 포도가 중국에 도착하면, 중국 출입경검험검역기구에서 문서심사와 검험검역을 진행한다. 문서심사에는 AQSIQ가 공포한 '수입 동식물검역허가증(进境动植物检疫许可证) 부합 여부와 QIA의 식물검역증서, 컨테이너 코드 등록 그리고 이번 한·중 양국이 합의한 검역요구사항에서 중국이 주의하는 검역성 유해생물이 포함되지 않았다는 성명 첨부 여부를 확인하게 된다.

검험검역의 전 과정은 '검험검역공작안내서(检验检疫工作手册)'의 규정에 따라 진행되며, 검역에 합격하면 수입을 허가 받는다. 만약 검역 시 유해생물이 발견됐을 경우에는 반송, 재수출, 소각 또는 유해생물을 제거하는 과정을 거친다. 이와 함께 AQSIQ는 QIA에 관련 과수원뿐만 아니라 전체 포도 수출의 일시 정지를 요구할 수 있다고 하니, 신선농산물은 수출 전 과정에 걸쳐 매우 조심스럽고 철저히 관리해야 할 부분이라고 생각된다.

이 모든 과정을 무사히 통과해 상주 모동포도 5.7톤, 충남 천안포도 4.8톤이 2015년 9월 첫 수출을 했다니 반갑고도 고마운 일이다.

다만 한 가지 우려스러운 것이 있다. 현지 포도수출 관계자의 말에 따르면 향후 중국측이 수출지 검역 대신 수입지 검역을 실시하겠다고 통보해 왔다고 한다. 수입지 검역은 말 그대로 수입하는 나라, 그러니까 중국의 항구에 포도가 도착한 다음 검역을 실시하는 것이다. 검역이 지체될 경우 포도의 신선도 등 품질이 떨어지는 것은 물론, 더운 날씨에 해충이 발생할 가능성도 있다. 그렇게 되면 검역에 불합격될 확률이 높아지고, 현지 판매로 수익을 내기는커녕 되돌려 가져오거나 현지에서 폐기처리 하느라 오히려 비용만 들 수도 있다. 아무쪼록 농가들의 수출의지가 꺾이지 않도록 정부차원의 대응이나 협의가 있었으면 하는 바람이다.

씨없고 색 진한 포도 선호
가격 경쟁력이 관건

—

포도를 시작으로 한국산 신선농산물의 중국 수출이 확대될 것이라는 기대감이 커지고 있다. 포도가 신선농산물 중국 수출의 물꼬를 튼 만큼 이후 진행되는 다른 신선농산물에 대한 협상은 이전보다 시간이나 과정을 단축시킬 수 있지 않을까 기대도 된다. 포도에 이어 파프리카에 대한 막바지 협상이 진행 중이라고 하니, 신선농산물을 재배하는 농가와 해당 수출업체로서는 희소식이 아닐 수 없을 것이다.

하지만 포도의 중국 수출은 앞으로 신선농산물 중국수출에 있어 긍정적이든 부정적이든 선례가 될 것으로 본다. 만일 규정에 맞지 않은 포도가 수출될 경우, 해당 과수원과 APC뿐만 아니라 전체 포도 수출에도 영향을 줄 것이고 한국산 신선식품에 대한 불신으로 이어질 수도 있다. 처음 길을 열어 가는 포도수출관계자들의 각오와 의지가 참으로 중요하다는 생각이다.

aT의 수출시장 보고서에 따르면, 현재 중국 내 수입포도는 수입상 → 중간상(매장, 온라인 등) → 소비자의 구조로 유통되고 있다. 냉장유통 비중은 70% 정도이지만, 아직까지 중국 내 유통에서는 간이냉장(보냉자재로 덮거나 감싸는 수준의 냉장)의 비중이 높다. 그런 탓에 연간 15~20%가 부패나 변질한다고 하니 냉장유통 설비와 판매망을 갖춘 수입바이어를 통하는 것이 한국산 포도가 중국소비자들에게 제 맛을 보여주는 방법일 것이다.

중국시장에서 선호하는 품질의 포도를 만들고 가격 경쟁력을 높이는 것이 앞으로 해결해야 할 과제이다. 중국과 한국의 포도(주로 캠벨류) 생산 출하 시기는 6월말부터 10월말 사이로 거의 일치한다. 따라서 이 시기를 피하여 수출하는 것이 시장성을 확보할 수 있다고 판단되는데, 중국으로 포도를 수출하려는 농가나 생산단지에서는 이런 품종을 생산하거나 저장성을 높인 포도를 생산 수출하는 것을 적극 고려해 봄직하다.

그 대상 품종으로 10월 하순부터 수확이되는 청포도(샤인머스캣)를 추천한다.

　일반적으로 저장되지 않은 중국산 포도의 유통은 모든 지역에서 10월 말이면 완료 된다. 즉 이 시기 이후 생산 유통이 가능한 샤인머스캣 같은 청포도 품종이나, 국내 포도의 저장성을 높여 11월부터 중국시장을 겨냥해 수출 하는 것도 하나의 전략이 될 수 있겠다.

　또 최근 수입산 포도의 경우 온라인 구매비중이 점차 높아지고 있다고 한다. 온라인으로 주문을 받아 직접 냉장창고에서 배송하는 방식인데, 장기적으로는 고려해볼 만하다. 대형유통매장 등에서 진행되는 판촉행사 때에도 시식과 함께 할인행사를 적절히 활용하면 가격경쟁력을 높일 수 있을 것이라고 본다.

　신선포도 뿐만 아니라 연중공급이 가능한 포도 가공제품(100% 포도 원액 등)을 동시에 마케팅 하는 등 다양한 시장 개척 방안을 생각해 봄직하다.

6

축산물 중국 수출의 신호탄!
'삼계탕'

"

    2016년 5월, 드디어 한국의 대표적 전통식품인 삼계탕이 중국정부의 검역협상을 통과했다. 수입 허용을 요청한지 10년 만에 한국산 삼계탕이 13억 중국인들의 식탁에 오를 수 있게 된 것이다. 삼계탕은 지난 2006년에 한국 정부가 중국 측에 공식 수입허용을 요청한 이후, 검역 및 위생협상 절차가 무척 더디게 진행돼 온 품목이다. 그동안 수 차례나 국내에 AI(조류 인플루엔자)가 발생했고, 한국과 중국 간 인삼에 대한 규정이 서로 달라 삼계탕 중국 수출이 요원한 듯 보이기도 했지만 2015년 9월 한중정상회담을 계기로 급물살을 타며 협상이 타결된 것이다.

10년 협상 끝에 수출할 수 있게 된 삼계탕
—

2015년 10월 한·중 정부는 '삼계탕 중국 수출 검역·위생조건' 협의

시 수출용 삼계탕에 사용하는 인삼에 대해 중국의 관련 규정인 '신자원식품 비준 공고'에 따르도록 협의했다. 이 규정은 중국 및 중국으로 관련 제품을 수출하는 모든 국가에 공통적으로 적용되는 사항으로, 수출용 삼계탕에 사용되는 부재료 및 첨가물 등 기준이 수입국(중국) 기준을 준수해야 하는 것과 마찬가지라고 농림축산식품부가 밝히고 있다.

중국 위생부가 인삼을 '신자원식품'(일반식품)으로 분류한 것이 삼계탕 수출이 급물살을 타게 된 결정적인 이유다. 그동안 인삼이 들어간 식품은 중국으로 수출할 때 '보건식품'으로 분류돼 중국 당국의 승인을 받아야 했는데, 이 절차가 굉장히 까다롭고 추가비용이 많이 들어 수출업체를 어렵게 했던 것이다. 이미 다른 나라에서 건강식으로 인정받고 있던 삼계탕도 예외가 아니어서 인삼 때문에 중국시장 진출에 많은 어려움을 겪어 왔다.

이어 2016년 5월 한·중 정부가 삼계탕 중국 수출에 관한 후속절차 협의를 마침에 따라 삼계탕 수출을 위한 실질적인 준비를 마치게 되었다. 다만, 이때 삼계탕에 사용되는 인삼은 5년근 이하로 합의되었다고 한다.

중국 정부에 가공공장 등록하고
5년근 이하 인삼 반드시 표기

–

삼계탕은 신자원식품으로 분류된다는 차이만 있을 뿐, 수출절차는 일반식품과 거의 같다. 신선농산물 중 쌀을 수출할 때 중국 정부로부터 승인받은 미곡종합처리장을 거쳐야하는 것처럼, 삼계탕에 사용하는 닭은 도축 및 가공공장을 중국 정부에 미리 등록해야 한다. 삼계탕 수출작업장 중 도계장은 '농림축산검역본부'에서, 도계된 닭과 인삼 등을 넣어 삼계탕을 만드는 가공공장은 '식약처'를 통해서 중국 정부에 등록을 신청할 수 있다. 중국 정부는 국내 삼계탕 수출 작업장으로 하림, 농협목우촌, 참프레, 사조화인코리아, 디엠푸드, 체리부로, 교동식품 등 도축장 6곳과 가공공장 5곳에 대한 수출기업 등록을 확정한 상태다.

이후 절차는 바이어 선정과 수출계약, 관련 서류 준비와 제출, 선적 후 현지 통관 등이다. 이중 수출입 검험검역국에 제출하는 서류는 수입 선하증권(Bill of Lading, 선사에서 작성), 상업송장(Commercial Invoice, 수출업체가 작성), 포장명세(Packing List 수출업체가 작성), 무역계약서

▼ 중국으로 수출되고 있는 삼계탕

(Trade Contract-수출 · 수입업체 공동작성), 원산지증명서(Certificate of Origin, 대한상공회의소, 관세청에서 발급), 위생증명서(Health Certificate, 식품의약품안전처에서 발급), 영양성분 성적서(공인시험소에 의뢰해 분석 후 발급), 중문라벨(중문 간체로 표기) 등이 있다.

농산물과 달리 삼계탕 등의 가공식품은 식물위생증명서 대신 수출위생증명서, 영양성분 성적서, 중문라벨을 제출한다.

삼계탕은 그 주재료로 쓰이는 닭과 부재료인 인삼 · 대추 · 찹쌀 · 밤 등 몸에 이로운 재료들로 만들어 지는 한국의 대표적인 보양식품 중의 하나이다.

한국을 찾는 유우커(游客 youke : 중국관광객)들의 삼계탕에 대한 반응이 좋아 중국 현지로도 인기가 이어질 것으로 기대된다.

중국으로의 수출에 있어서 가장 한국적인 것이 수출 가능성도 높다. 삼계탕의 기준 관세율은 15%이며, 양허 유형은 10년이다.

'K-samgyetang' 라벨 붙이고
중국으로

—

삼계탕 중문라벨에는 한국에서 유통되는 제품의 포장지에 표기된 모든 내용을 중국어로 표기하고, 특히 인삼성분 표기에 5년 근 이하 인삼임을 필히 기재해야 하며, 인삼 함량은 3g미만이어야 한다고 한다. 한편 중국으로 수출하는 삼계탕에는 한국산임을 알릴 수 있도록 공동 CI 즉, K-samgyetang를 부착하여 수출하고 있다. 공동CI는 삼계탕의 뚝배기 이미지와 태극무늬를 활용하여 한국산 삼계탕 이미지를 강조한 것으로, 한국산 삼계탕의 고급 이미지 구축과 중국산 삼계탕의 둔갑 판매 및 위조 방지 효과를 기대하고 있다.

선적 후 중국 항구에 입항한 후에는 중국 해관에 수입 선하증권, 상업 송장, 포장명세서, 무역계약서, 입경화물 통관단(수출입 검험검역국에서 발급)을 제출하면 된다.

이 절차를 거쳐 2016년 6월 29일 전북 군산항에서 삼계탕 초도물량 20톤이 상하이·칭다오·광저우·웨이하이항 등으로 수출됐다. 이 물량은 중국에 도착하는 대로 중국 당국의 포장 표시(라벨) 심의와 통관 절차를 밟았으며, 8월 초부터 중국 내 대형마트와 온라인몰 등에서 판매되고 있다. 이에 맞춰 국내 점유율 1위 업체 하림은 글로벌 삼계탕 웹사이트(www.k-samgyetang.com)를 제작해 삼계탕의 유래와 제조공정, 조리법 등을 한국어·중국어 등 4개 국어로 서비스하는 등 삼계탕을 중국시장에 알리는데 적극 나서고 있다.

중국에선 생소한 삼계탕
마케팅의 역할 클 듯
—

삼계탕은 중국시장에 첫 선을 보이는 한국전통 식품이다. 중국인들에게는 이런 형태의 닭고기 조리법이 낯설 뿐더러 인삼이 들어간 건강식품 또한 거의 없다고 한다.

게다가 수출 삼계탕 제품은 HMR(가정간편식, Home Meal Replacement)

형태인데 중국에는 HMR 시장이 이제 막 커지는 중이어서, 한국 삼계탕은 여러 가지 의미에서 중국 시장에 도전하고 있다고 볼 수 있다.

이런 상황에서 중국시장에 성공적으로 자리 잡기 위해서는 유통 마케팅의 역할이 중요하다는 생각이다.

가능하면 식품 수입 경험이 많은 중국 내 수입상을 선택해야 판매에도 적극적일 것이다. 또 기존의 한국식품과는 다른 판매 전략을 세워야 할 것이다.

한류에 대한 좋은 이미지를 등에 업고 중국인들이 선호하는 건강식임을 강조하면서, 대형마트와 백화점 등에서 시식과 행사 등을 통해, 홍보하는 것이 효과적일 것이라고 생각한다.

이때 중요한 것은 시식, 그리고 고급 패키지라고 생각한다. 식문화가 전혀 다른 타국의 국민에게 구매동기를 일으키고 직접 소비로 연결시키

▼ 2016년 중국축구팬 연계 삼계탕 홍보 장면. aT제공

는 위한 가장 효율적인 방법은 시식의 형태가 최적의 방법이란 점은 재론의 여지가 없으며, 이는 국내외 할 것 없이 식품시장에서 공통적으로 활용하는 홍보방법이기도 하다.

또 하나 건강식을 강조하려면 고급 포장이 유리할 수 있다. 국내시장도 그렇지만 건강식·보양식은 제품 가격이 상대적으로 비쌈에도 불구하고 소비자가 선택하게 만들려면 포장부터 달라 보이는 게 중요하다는 것이다.

중국 내 삼계탕과 차별화하려면
고급화가 필수

—

중국 현지에서도 삼계탕이 생산·판매되고 있다는 소식이다. 중국산 삼계탕과 경쟁을 피할 수 없을 것으로 생각되는데, 한국산임을 입증하는 공동브랜드와 고급품 이미지를 끝까지 고수하여 저가품과 구별되는 한국산 삼계탕의 고급화 전략에 차질이 생기지 않도록 하여야 할 것이다.

또한 가정간편식(HMR) 시장을 목표로 진출하는 것도 삼계탕의 장점이 될 수도 있겠다는 생각이다. 이미 베이징과 상하이 등에서는 젊은 층을 중심으로 HMR 식품 소비가 해마다 늘고 있다고 한다. 또한 소득수준이 높을수록 건강식품에 대한 선호도가 높은 만큼 삼계탕의 수요는 어느 정도 있을 거라는 게 업계 관계자들의 분석이다.

중국인들도 즉석식품 선택에 있어서 안전성을 가장 중요하게 생각한다는 점을 유념하여 품질을 철저히 관리하고 마케팅을 실행해 간다면 시장확대에 도움이 될 것이다.

한식당과 한인마트를 중심으로 시장을 넓혀 나가면서, 중국의 젊은 중상류층을 공략한다면 삼계탕이 중국시장에서 자리 잡을 수 있을 것이라고 본다.

하나 덧붙이자면, 앞에서도 강조한 바 있지만 중국은 모방 제품 생산에 있어 그 속도와 유사성이 놀라울 정도다. 한국산 삼계탕이 시장에 채 자리를 잡기도 전에 중국산 유사상품이 유통되고 있다고 하니 한국전통식품으로서의 한국산 삼계탕에 대한 보다 적극적인 홍보마케팅과 함께, 잊혀질만 하면 발생하는 AI(조류인플루엔자)같은 전염병을 철저히 예방하여 모처럼 열린 삼계탕 수출시장을 잘 관리해 가야 할 것이다.

▼ Sial China 전시회장의 삼계탕 홍보 부스 장면

7

중국 시장으로 도전하는
'한국 김치'

66

한국 김치 중국수출은 2010년 수입 김치에 대해 중국이 자국의 까다롭고 일방적인 위생기준을 적용하면서 중단됐다. 김치를 발효식품으로 인정하지 않고 100g당 대장균 군이 30마리 이하여야 한다는 중국식 절임배추인 파오차이(泡菜) 위생기준을 김치에 적용했기 때문이다.

그러나 2014년 7월 한·중 정상회담에서 양국 정상이 김치 위생기준을 둘러싼 문제 해결에 노력할 것을 약속했고, 이후 중국이 위생기준을 국제식품규격에 맞춰 개정하면서 2015년 9월 22일 중국 위생부의 신표준이 공시되었다.

중국산 김치와 한판 승부를
–

2015년까지 중국에서 판매된 한국 김치는 주로 중국 현지 공장에서 제조한 김치(종가부, 수라상, 경복궁 등)나 한국에서 생산해서 중국으로 수출한 볶음 김치였다. 2015년 9월까지는 한국 김치 등 발효식품에 대해 정확한 중국위생표준이 마련되어 있지 않은 상태에서 중국의 절임채소 위생표준인 GB 2714-2003(醬腌菜卫生标准, 장엄채위생표준)에 따른 위생기준을 적용했기 때문에 한국 김치의 중국 수출이 거의 불가능 했었다.

그러나 2015년 9월 22일 중국 위생부가 공시한 신표준은 공식적으로 공시 1년 뒤인 2016년 9월 22일부터 적용된다고 중국정부가 발표를 함으로서 중국으로의 김치 수출이 가능하게 되었다. 현재 중국 김치시장에는 중국에서 생산된 중국 브랜드의 김치와 한국에서 생산된 한국 브랜드의 김치가 경쟁하는 구도가 되고 있는데, 한국산 김치의 가격 경쟁

▼ 한국산 김치 판촉전 장면. aT제공

▲ 강원김치 중국수출 선적 기념식 장면

력이 현저히 낮아 고전 중이라는 전언이다.

국내 업체들의 김치수출이 재개되면서 대상FNF의 '종가집', 한성식품의 '한성김치' 등이 중국 베이징 등의 대도시를 중심으로 백화점·대형마트 등에서 김치 제품을 판매 중이다. 또 CJ제일제당 '하선정 김치'도 김치를 활용한 각종 HMR(가정간편식)을 중국 시장 전용으로 개발하는 데 주력하고 있다. 이는 소포장 형태로 김치찌개나 김치찜을 가정에서 즉석으로 요리하는 제품 등이다. 동원F&B '양반김치'도 중국 수출을 준비 중이라고 한다.

대중국 김치 수출 절차
라벨링 규정에 유의해야

–

중국에서 김치는 일반식품으로 분류되며, 일반식품의 수출 절차는 크게 6단계로 볼 수 있다. 먼저 바이어를 찾아 수출계약을 진행하는 것이 첫 번째다.

두 번째로 각종 서류를 준비해야 하는데, 중문 라벨링, 무역계약서, 상업송장, 포장명세서, 위생증명서, 원산지 증명서 등이 필수서류다.

원산지 증명서는 상공회의소나 관세청에서 온라인으로 발급 받을 수 있다. 무역계약서, 상업송장, 포장명세서는 수출업체가 수출대행사 등을 통해 준비하면 된다. 위생증명서는 식품의약품안전처에서 온라인으로 발급 받을 수 있다.

중문라벨링은 중국 국가질량감독검험검역기구의 '수입 포장식품 시스템 운영' 기준에 따라 중국으로 수출하는 모든 포장식품에 중국어 라벨을 붙이는 것으로 세부 표기항목과 기준 등은 뒤에 일반식품 수출절차에서 자세히 설명하겠다.

몇 가지 주의사항을 짚어보자면, 우선 상표를 제외한 라벨내용은 규범화된 한자를 사용해야 하고 꾸밈글자는 쉽게 식별 가능하도록 표기해야 한다. 또 모든 외국어 문자는 상응하는 한자보다 크지 않아야 하며, 생산일·유통기한의 표시는 붙이거나 추가 인쇄하거나 고쳐서는 안 된다.

두 번째는 수출제품 라벨링은 관련 서류를 수입항구 출입경검험검역국(CIQ)에 제출하여 라벨링 심사 후 이상이 없는 경우 라벨링 등록번호를 부여 받게 되는데, 중문 라벨링 전자파일용량은 500k 이하여야 한다.

라벨링 원본과 번역본, 중문 라벨링 견본도 제출해야 하며, 수입상이나 경소상(유통상) 또는 대리상의 공상영업집조 사본도 함께 제출하도록 되어 있다. 원산지 증명서 사본 및 제품생산국(지역)의 허가증, 판매증명서 사본도 필요하다.

판매증명은 한국 식약처에서 발급해 주는 자유판매증명서(Certificate of free sale)를 말한다.

특히 현지 라벨링 규정이 강화되면서 수입제품의 경우 중문 인쇄포장으로 준비해야 한다.

아직까지 한글포장에 중문 스티커를 부착한 제품이 통관항구에 따라 용인되는 경우도 있다고 하지만 점차 감소되는 추세라고 하니 수출업체가 유념해야 할 것이다.

세 번째 단계는 상품의 선적으로, 수출통관, 포워딩 업체 지정 및 운송까지의 과정을 말한다.

현재 중국으로 수출하는 한국제품이 주로 이용하는 항구로는 상하이, 선전, 칭다오, 광저우, 톈진, 다롄 등이 있다.

김치제품의 운송 컨테이너는 냉장 컨테이너라야 하며 하절기에는 영하 3~0℃, 동절기에는 -2℃~0℃ 사이에서 보관해야 한다. 김치의 경우 '생산 시점'과 동일한 상태를 유지해야 발효를 늦출 수 있다고 한다.

중국인들은 갓 만든 김치 맛을 선호하니, 발효가 늦게 진행될 수록 판매에 유리하다는 얘기이다. 0℃ 이상이 되면 발효 속도가 빨라지므로 컨테이너는 예비 냉동 후 선적해야 김치의 신선도와 품질을 유지할 수 있을 것이다.

또 냉장 컨테이너의 선적시 컨테이너의 대기 순환을 위해 컨테이너 좌우 측면 및 상층부의 최소 5cm 의 여백은 반드시 필요하니 적재 시 유념한다. 김치 포장박스 재질은 두꺼울수록 좋으니 원가개념에 별 상관이 없다면 포장은 두껍게 하는 것이 좋다.

네 번째 단계는 수입신고와 검사다.

지정된 검험검역기관에 검험검역신고를 하고 포장심의도 신청한다. 국가질량감독 검험검역기구가 출입국의 위생검역, 수출입동식품검역 및 품질인증 인정 등을 감독하고 있다. 신고를 마치고 중국 세관에 서류 제출과 세금납부를 하면 통관이 완료된 것이다.

중국 내수 유통을 할 때는 육로 이동 경로를 최대한 짧게 해야 김치의 품질을 유지하는데 도움이 될 수 있다. 이동 경로가 길면 그만큼 중간에 상하차가 추가로 이뤄질 수 있는데, 온도 편차에 따라 김치의 신선도와 맛 변화가 심해지기 때문이다. 또 제품 중 가스흡습제를 부착하는 경우에는 외관상 위생적으로 보일 수 있도록 김치 국물이 흡수제에 닿지 않도록 해야 한다.

중국에선 신선김치 선호!
통관기간 줄여야

—

김치는 중국으로 수출해 매장에 납품하기까지 25~40일 걸리는 것으로 알려져 있다. 상온 유통하는 제품의 경우 40~60일 소요되지만, 김치는 냉장유통 제품이기 때문에 이보다 기간이 짧다. 하지만 신선우유 같은 신선식품보다는 기간이 길다.

특히 김치는 일반식품으로 분류되어 있다 보니 위생증 발급에 5~7일이 걸리는 상황이라고 한다. 반면 유통기한이 20일 이내인 신선우유·두부 등은 당일신고하면 다음날 위생증을 발급받을 수 있다.

위생증이 없으면 유통매장에 입점도 할 수 없고 판매 또한 불가하기 때문에 수입업체로서는 위생증 발급을 기다리는 시간 동안 무척이나 애를 태울 것이다.

상황이 이렇다보니 김치의 통관기간을 줄이는 것이 관건이다. 더욱이 김치는 유통기한이 한 달 정도이기 때문에 판매기간을 늘리기 위해서는 위생증 발급을 포함한 통관기간 단축이 시급하다.

통관 절차가 상대적으로 긴 '일반식품' 대신 3일 이내로 짧은 '신선식품'으로 분류되어야 한다는 지적도 나온다.

통관기간 단축은 중국인들이 선호하는 김치 맛과도 관련이 있다. 대부분의 한국인들도 그렇지만, 중국인들도 발효가 진행되어 신 냄새가 나는 것 보다 금방 담근 김치를 선호한다. 소비자 개인의 입맛에 따라 갓 담은 김치, 숙성김치를 선택하는 국내 소비자와는 다른 것이다.

이에 현지인들의 입맛에 맞추기 위해서는 갓 담근 김치의 맛을 내고, 이 맛을 오래 유지하며 판매할 수 있도록 통관에 걸리는 시간을 최단기

▼ 김치 체험 홍보장면. aT제공

간으로 줄여야 한다.

정부가 나서서 48시간 이내에 통관이 되도록 도와 달라는 업계의 요청이 이어지는 이유이기도 하다.

또한 중국의 경우 각 항구마다 요구하는 서류나 통관에 소요되는 기간이 조금씩 다르다. 항구에 따라 유통기한이 짧은 냉장제품에 한해 선통관, 후 위생증 발급이라는 편의를 제공해 주는 곳도 있다고 한다.

관계기관이나 업체를 통해 들은 바에 따르면 상하이 항구가 가장 까다롭다고 하니 수출업체가 알고 있으면 도움이 될 듯하다.

그리고 유통매장 역시 초도물량에 대해서는 엄격하게 위생증을 요구하지만 2차 주문물량부터는 선 입점 판매를 허용하는 매장도 있으므로 사전에 확인해볼 필요가 있을 것이다.

한국산 김치
고급화 전략으로 차별화해야
-

한국산 김치의 중국수출은 2002년 5월 경 수출된 '동원양반김치'가 시작이라고 볼 수 있는데, 벌써 꽤 오래전의 일이다. 그 당시에는 통관도 유통도 상당히 느슨한데다가 현지산 김치가 그다지 많지 않아서 나름대로 시장이 있었다.

현재 중국에는 한국 업체의 중국현지 김치공장, 중국 김치회사 등이 여러 곳 생겼다. 원재료와 인건비가 한국보다 낮은 이점을 활용해 저렴한 김치를 생산하여 중국 내 판매는 물론, 한국으로도 많은 양을 수출하고 있는 중이다.

　이런 여건에서 한국산 김치가 시장 경쟁력을 확보하려면 포장단위를 세분화 해서 구매저항 가격을 극복(예 : 가볍게 지출할 수 있는 10위안 짜리 김치포장 개발)할 수 있는 가격대의 제품을 개발하여야 하며, 재활용이 가능한 포장재 사용으로 구매욕구를 부추기는 상품의 고급화 전략과 함께, 통관시간 단축으로 신선도를 유지한 상태로 중국 소비자들에게 전시 판매되어야 하며, 중국산 김치와 쉽게 비교되는 오프라인 판매보다는 온라인을 통한 유통을 적극 고려하는 것도 하나의 차별화 방안이라는 생각이 든다.

▼ 중국 백화점에서의 김치판촉 행사. aT제공

　1부. 한국 식품의 중국 마케팅을 시작하다

8

수출효자 수산식품
'조미김'

"

한국식품 중에 해외시장에서 사랑받는 제품 중 하나가 조미김이다.

조미김은 일본 시장에 이어 중국·미국 등 전세계 시장에서 인기가 높다. 한국산 조미김이 이처럼 인기가 있는 비결은 원초에 있다.

김 원초가 주로 생산되는 지역은 서해안과 남해안이다. 김양식장의 수온과 수심, 해풍, 조수간만의 차 등 원초 생산 환경에 있어서 우리나라는 가히 천혜의 조건을 갖추고 있다고 하겠다. 또 원초를 조미김으로 가공할 때 사용하는 천일염 또한 우수한 품질을 자랑하는 재료이다. 이런 환경에서 생산된 원료김을 가공하여 만들어 내는 조미김이기에 외국인들도 좋아할 수 밖에 없을 것이라고 생각된다.

현재 중국으로 수출 중인 수산식품은 참치·삼치·오징어·명태·전복·해삼과 같은 신선수산물과 조미김·냉동굴·어묵·게맛살 등 가공수산식품이 있다.

이 수산식품들은 모두 중국시장에서 호평 받고 있고 수출량도 꾸준히 늘어나는 추세다. 이중에서 전복과 어묵 등은 시장전망이 매우 밝아 보인다. 더욱이 중국인들의 소득증가와 함께 수산식품 소비가 계속해서 늘고 있기 때문에 장기적으로도 수출전망은 밝다고 판단된다.

특히 조미김의 경우, 중국시장에서 대만산·일본산·중국산과 함께 유통되고 있지만 한국산이 절대적인 1위로 시장을 점유하고 있다. 이런 배경에는 한국산 조미김 원초가 보유하고 있는 독보적인 차별성에서부터 찾을 수 있을 것 같다.

앞에서도 언급했지만 김양식장의 수온과 수심, 해풍, 조수간만의 차 등 원초 생산 환경에 있어서 우리나라는 가히 천혜의 조건을 갖추고 있다고 하겠다. 또 원초를 조미김으로 가공할 때 사용하는 천일염 또한 우수한 품질을 자랑하는 재료이기에 한국산 조미김이 인정을 받고

▼ 중국 대형유통매장에 진열된 조미김

있는 요인이라 생각된다. 중국 시장만이 아니다. 중국보다 앞서 우리의 조미김이 수출된 일본에서도 한국산 조미김의 인기는 높다. 한국을 방문한 일본 여행객들이 가장 많이 사가지고 가는 품목이 조미김이라고 한다.

품질로는 확실히 인정받는 조미김이지만, 중국, 미국, 동남아시아 등에서 한국 업체간 출혈 경쟁이 심각한 수준이라는 것은 참으로 안타까운 현실이다.

조미김 중국 수출
위생 조건 까다로워

–

조미김은 수산식품에 속하기 때문에 일반적인 농식품 수출 절차와는 차이가 있다.

우선 중국에 수산품을 수출하기 위해서는 수출 가공공장의 사전 등록이 필수다. 대한민국과 중화인민공화국간 수출·입 수산물 위생관리 약정(해양수산부고시 제2013-141호) 제3조(가공공장 등록)에 따르면, '양국은 수출수산물 가공공장의 위생상태가 수입국의 위생관리 기준에 부합된 경우 수출국의 검사기관에 등록한 후 등록공장의 명단을 수입국의 검사기관에 통보하여야 한다'고 되어 있다.

이를 바탕으로 한 식품수출기업 등록 유효기간은 4년으로, 만기 1년 전 연장신청을 할 수 있다. 또 중국 수입자는 수입무역이 가능한 영업집조(우리나라 사업자등록증)는 물론 위생허가증을 구비하고 있어야

▼ 탕 재료용 김, 중국산, 11元/30g   ▼ 김탕(즉석), 중국산, 18.80元/80g   ▼ 김탕(즉석), 중국산, 4.2元/72g

▼ 간식용 김, 중국산, 8.8元/12   ▼ 스시용 김, 중국산, 3.55元/25g   ▼ 스시용 김, 중국산, 6.9元/16g

중국에서 생산되는 김 관련 제품은 대부분 조미 가공된 제품들로 영양간식, 요리용으로는 탕, 스시용 재료로 주로 쓰임

한다.

등록된 가공공장에서 생산한 조미김 제품에 대해서는 가공공장 소개 국립수산물품질관리원으로부터 위생허가증을 교부받아 원본을 필히 중국 수입자한테 보내줘야 한다. 생산자나 수출자가 발급한 성분표, 제조공정도, 선적서류 등도 중국 수입자한테 보내줘야 한다. 이후에는 관세사에 의뢰하여 세관에 수출신고를 하는 등 수출통관을 진행하게 된다.

이렇게 수출된 조미김은 중국 항구에서 수입 위생검역을 받게 되는데, 조미김에 대한 중국의 검역 통관기준을 보면, 우리나라에서는 적용하지 않는 중금속 기준을 비롯해, 미생물 균락총수 기준, 즉, '적용세

균총수 30,000Cfu/g(colony forming unit)이하' 등으로 매우 까다롭다.

중국의 이런 기준을 맞추지 못한 제품들이 중국 통관과정에서 반송을 당하거나 소각명령을 받고 있다는 소식은 조미김 수출업체에게 불안감을 주고 있기도 하다.

한·중 FTA 타결
조미김 수출에 날개 달아줘

—

중국 내 조미김 소비시장은 매우 빠르게 성장하고 있으며, 이 시장을 주도하는 한국산 조미김 수출도 꾸준히 늘고 있다.

관세청 발표에 따르면 우리나라 조미김이 중국 소비자의 입맛을 사로잡으며 2015년 사상 최고치의 수출액을 기록했다고 한다. 특히 5년 전만 하더라도 조미김 대표 수출국은 일본 · 미국 · 중국 순이었다.

2015년 한중 FTA가 체결되면서 중국으로의 조미김 수출이 미국시장을 앞지르고 있는 것으로 나타나고 있다. 이러한 추세는 계속될 것으로 전망된다. 중국의 수입 조미김 시장에서 한국산이 점유율 1위인 것은 두말할 필요도 없다.

특히 한 · 중 FTA 발효로 조미김은 15% 관세가 20년에 걸쳐 균등 철폐되기로 약정되어 있어서 매년 0.75%의 관세가 감해지고 있다고 보면 된다.

즉, 발효 3년차인 2017년에는 12.75%의 특혜관세율을 적용받게 되는 것이다. 조미김에 있어서 FTA 특혜관세율 적용기준은 '국내에서 생산된 원재료 김을 사용한 생산 공정을 통해 완제품인 조미김으로 제조되는 것'이므로 우리나라 조미김 수출업체는 모두 이 요건을 충족하고 있다고 한다.

조미김 중국 수출은 필자가 지금까지 경험해온 농식품 수출과는 또 다른 시장과 가능성을 살펴보는 기회가 됐다. 다른 나라와 비교해 볼 때 절대적인 강점을 가지고 있는 조미김 원초를 활용한 조미김 수출 산업은 수출업체끼리의 과당경쟁만 방지할 수 있다면 중국으로의 수출 수익성도 담보되는 수출 품목이다.

김은 오래전부터 우리나라에서는 식탁 위에 흔히 올라오는 품목이

▼ 제5회 김의 날 및 김 수출 3억달러 달성 기념식 장면

어서 특별할 것이 없다고 생각할 수도 있겠으나, 일본과 미국, 중국에서는 반찬뿐 아니라 간식이나 술안주로도 꽤 높은 인기를 끌고 있다. 특히 어린이 간식용으로 개발된 조미김 제품은 중국시장에서 인기 몰이를 하고 있기도 하다. 이처럼 국내보다 해외에서 조미김의 소비폭이 한층 넓어지고 있다는 것은 그만큼 수출 확대 가능성이 높다는 것을 확신하게 한다.

한국의 대표적인 수산 식품인 조미김은 인터넷이나 TV 홈쇼핑 등에도 적합한 품목이다. 유통기한이 길고 무게는 가벼워 배송에 무리가 없기 때문이다. 이 같은 장점들을 잘 활용하면서 '김수출협의회' 등을 통한 가격경쟁력 확보 방안이 제도적으로 마련될 수 있다면 조미김의 중국 수출은 안정적인 소득원으로 자리 잡을 것이다.

조미김 공장이
내륙 지역인 경북 상주에?

–

김은 필자의 어린 시절 기억속에는 매우 진귀한 식품이었다.

반짝이는 까만 김에 할머니가 들기름을 바르고, 소금을 뿌린 후 아궁이 속 잔불 위에서 구워낸 김에 밥을 싸서 먹던 고소한 맛! 잊을 수 없는 추억이다.

그런 추억 속의 고귀한 김을 대량으로 생산해 내는 김 가공공장을 상주에 유치한 사연을 소개한다.

2013년 3월 경, 중국에서 식품 유통업을 하던 지인이 한국에 조미김

가공공장을 건립하려 한다는 계획을 전하면서 지역선정의 적정성과 함께 건립 절차 등에 대해 도움을 청해왔다.

우리나라는 일일 생활권인 만큼 조미김 공장이 굳이 바다 가까이에 위치할 필요는 없다는 생각에 경북 상주를 적지로 추천했다.

상주를 추천한 첫 번째 이유는 지리적으로 남한의 중앙에 위치 한데 다가 중부내륙고속도로와 당진-상주간, 상주-영덕간 고속도로가 개 통되어 있고, 상주-영천간의 고속도로가 곧 착공 예정으로 있는 등 상 주가 내륙의 물류 중심이라고 생각해서였다. 둘째는 내륙에 위치한 상 주에는 이렇다 할 수산가공 공장이 없으므로 상주시의 조미김 공장 관

▼ 중국 복건성에서 상주산 농식품 판촉전에 참여한 상주시 관계자들, 왼쪽 네 번 째가 이정백 상주시장

내 유치 의지가 매우 높다는 것이다.

이렇게 해서 조미김 공장은 바다 가까이에 건립돼야 한다는 기존 발상을 깨고 2014년 7월 말 상주 함창농공단지에 공장을 준공하게 되었고, 현재도 상주시의 대표 식품수출기업으로 활발히 가동되고 있는 것을 보면서 남다른 감회에 젖어들기도 한다.

2부

중국 수출
아는 만큼 성공할 수 있다

한국 농식품을 중국으로 수출하려면 어디서부터 무엇을 준비해야 할까?
중국 식품시장의 변화와 전망을 바탕으로 수출이 유망한 품목을 짚어보고, 농식품 수출 절차 및 지원 제도에 대해서도 설명한다. 수출업체가 가장 궁금해 하는 바이어 만나는 법과 안전한 대금 결제 방법에 대해서도 알아본다.

2부 **1장**

중국 시장,
이것만은
알고 가자

1

'덩샤오핑'을 만난
행운의 중국!

"

황하문명에서 발원된 것으로 알려진 중국의 역사는 보통 5천년을 이야기한다. 오늘날 세계 최대 인구와 넓은 국토를 보유한 중국이 미국보다 경제력이 못한 이유는 무엇일까?

어느 시대이든 훌륭한 지도자는 역사를 바꾸고 민생을 보살펴 왔다. 중국 왕조시대의 마지막은 청나라였으며, 그 왕조를 무너뜨리고 근대 민주주의 국가로의 혁명(신해혁명, 1911. 10. 10)을 이룩한 사람이 중국의 국부로 추앙 받고 있는 쑨원(孫文, 1866~1925년)이다.

신해혁명으로 청왕조를 무너뜨린 쑨원은 1912년 1월 1일 중화민국 정부를 수립하고 중국의 근대사를 여는데 혁혁한 공을 세운다. 그러나 중화민국의 역사는 그의 뜻대로 이어가지 못하고 일본군의 침탈에 맞서는 가운데, 장제스(蔣介石, 1887년 10월 31일~1975년 4월 5일)의 국민당군과 마오쩌둥(毛澤東, 1893년 12월 26일~ 1976년 9월 9일)의 공산당군이 소위 국공(國共) 내전과 합작을 반복하면서 중국의 근대사도 갈팡질팡 하게 된다.

공산주의를 택한 중국
자본주의 경제에 뒤지다

—

1945년 8월 15일, 2차 세계대전이 종료되면서 중국도 일본군이 물러가고 해방이 됐다. 그러나 이내 미국의 지원을 받는 장제스의 국민당군과 마오쩌둥의 공산당군 간에 권력을 차지하고자 하는 치열한 주도권 싸움으로 1년 여를 엎치락뒤치락하다가 1946년 9월부터 본격적인 내전이 시작되었다. 이후 1949년 10월 1일 마오쩌둥의 공산당군이 '중화인민공화국' 수립을 선포할 때까지 3년여 간 중국 전역은 내전에 휩싸이며 혼란의 장으로 변한다.

2차 세계대전에서 패한 일본 · 독일 · 이탈리아는 초강대국 미국의 그늘에 편입되면서 산업화의 기치를 내걸고 자본주의화하여 오늘날의 선진국으로 빠르게 변모해 갔다. 반면 그 당시 중국에는 민주주의를 기치로 내건 장제스의 국민당군이 내전에서 패배하여 대만으로 쫓겨 가면서 '죽의 장막'으로 대표되는 중화인민공화국의 공산주의 체제가 들어서게 된다.

그러나 '공동 생산, 공동 분배'의 그럴듯한 공산주의체제만으로 당시 10억 명에 가까운 인구를 부양하기에는 역부족이었다. 이른바 미국으로 대표되는 서방세계와 경제력의 간극은 갈수록 더 벌어지기만 했고 인민들의 생활은 피폐해져만 갔다. 오랜 내전 끝에 승리한 마오쩌둥의 공산당이 1949년 10월 1일부터 공산주의 이념을 내걸고 인민들을 통치하지만, 가난한 백성들의 한결 같은 소망인 등 따뜻하고 배부른 삶의 욕구를 채워주지는 못했고 국력은 갈수록 쇠퇴해 가고 있었다.

이처럼 나라가 어려울 때일수록 백성들은 위대한 지도자의 출현을 갈

망하게 된다. 그 당시 '문화대혁명'으로 지치고 힘들어 하던 중국 인민들 앞에도 마침내 그런 지도자가 나타났으니, 그가 바로 오늘의 중국을 있게 만든 덩샤오핑(鄧小平, 1904년 8월 22일~ 1997년 2월 19일) 이다.

오늘의 중국을 있게 한 위대한 지도자
덩샤오핑!

—

마오쩌둥이 주도하던 '문화대혁명' 기간 동안 몸을 낮추고 있던 작은 거인 덩샤오핑은 1976년 마오쩌둥 사후 재기에 성공했고, 곧바로 서방 세계의 경제를 배우기 위해 참모들을 서유럽에 파견하는 한편, 본인도 미국, 일본을 방문하여 자본주의 경제공부를 게을리 하지 않는 지도자의 자세를 보여준다.

1979년 미국을 방문하고 돌아 온 덩샤오핑은 '검은 고양이든 흰 고양이든 쥐만 잘 잡으면 된다'는 '흑묘백묘(黑猫白猫)론'이라는 말을 남김으로써 중국의 개혁개방을 본격화하게 된다. 이 말은 '부관흑묘백묘(不管黑猫白猫), 착도로서(捉到老鼠) 취시호묘(就是好猫)'의 줄임말인데, 고양이가 검은색이던 흰색이던 쥐만 잘 잡으면 고양이의 역할을 잘하는 것이란 의미로, 정치 체제가 자본주의든 공산주의든 돈만 잘 벌면 된다는 뜻을 담고 있다. 이것을 흔히 선부론(先副論)이라고도 하는데, 돈을 잘 벌 수 있는 자는 먼저 돈을 벌어서 못 버는 자들을 도우면서 이끌고 가라는 의미이기도 하다. 또한 이 말은 '도광양회'(韜光養晦, 자기 자신을 드러내지 않고 실력을 기른다)라는 말로 이어져서 서방국가에 비해 못 살고 힘없던

▲ 덩샤오핑

1980년대 중국이 대외정책을 표방할 때 한껏 자신을 낮춰 부르는 대외용어로 회자되기도 했다.

덩샤오핑의 개혁개방 정책에 힘입은 중국경제는 장쩌민(1926. 8. 17~현재) 주석과 주룽지 총리의 지도를 거치면서 '유소작위'(有所作爲, 필요한 곳에서 필요한 역할을 한다)라는 말을 할 수 있을 정도의 자신감을 갖출 정도로 고도

성장을 이어가게 된다. 이런 중국의 발전과 도전 앞에 잔뜩 긴장한 일본과 미국 등이 중국을 견제하기 시작하자 제4세대 중국지도자인 후진타오(胡錦濤, 1942년 12월 21일~현재)는 '화평굴기'(和平崛起, 평화를 숭상하고 발전시킨다)라는 말로 서방세계를 안심시키려 든다. 그런 연막전술(?)을 내세운 중국은 10%대의 고도성장을 구가하면서 마침내 세계 경제의 중심 국가로 떠오른다.

오늘의 중국 경제는 덩샤오핑이라는 위대한 지도자를 만남으로서 만들어질 수 있었고, 덩샤오핑을 만난 행운의 중국은 오늘날 세계의 경제를 움직이는 큰 손이 되었다.

이제 자신의 역할을
적극적으로 하겠다는 중국!

–

2012년 11월 제18차 중국 공산당대회에서 총서기에 오른 제5세대 지도자 시진핑(習近平, 1953년 6월~현재)은 중국이 실현해야 할 비전으로

'중국의 꿈'(中國夢)을 천명하면서 강력한 카리스마를 바탕으로 중국을 세계 중심국가로 이끌어 가고 있다.

▲ 시진핑

시진핑은 2013년 오바마 미국 대통령을 방문한 자리에서 신흥초강대국(G2)의 하나로 중국을 인정해 줄 것과 중국의 핵심 이익을 존중해 줄 것을 요청하기에 이른다.

즉, 주동작위(主動作爲)라는 대외정책 기조를 내걸고 어디서든 적극적인 자세로 할 일은 하겠다는 자세를 표방한 것이다.

한때는 한국의 최대 적성국가 중의 하나인 중공(中共)으로 불리던 중국이 이제는 우리나라에 연간 수백 억 달러의 무역흑자를 남겨주는 어엿한 경제 파트너로 우리 가까이 다가온 것이다. 그러나 2016년 말 사드(THAAD : 고고도미사일방어체계) 문제로 한·중 관계가 불편해지면서, 중국은 한국 연예인의 현지 공연은 물론, 드라마 방영뿐만 아니라 콘텐츠·화장품·환경 등 다방면에서 규제를 강화하고 있는 것으로 보도되고 있다.

중국 상층부의 생각이 아니라고 할지라도, 알아서 움직이는 중국의 하부 조직 구조의 속성을 감안할 때, 문화산업 제재에 이어 한국식품 수출에도 영향을 미칠 것으로 예견된다. 식품 수입시 위생·검역 조건을 강화하는 등 비관세 장벽을 내세워 우리 농식품의 중국진출에서도 점점 힘들어 지고 있다는 중국 현지의 목소리가 들려오고 있어서 우려가 된다. 그래도 한 가지 희망적인 가정을 해 본다면, 1992년 8월 24일 수교이후 신뢰성을 바탕으로 쌓아온 양국관계를 감안하여 상호 진정성을 갖고 임하면 해결책이 있을 것이라는 전망을 해본다.

2

대표적 소비재인 식품,
기회의 시장 중국으로!

❝

IMF(국제통화기금)가 발표한 2015년말 기준 국가별 국민 총생산액에 따르면 중국은 미국에 이어 세계 제2의 경제 대국이다.

중국이 보여주고 있는 이런 눈부신 성장이 우리나라에게는 산업발전의 원동력을 제공하는 한편, 경쟁자로서 부담이 되는 것으로 분석되기도 한다. 그러나 중국과 인접해 있다는 지정학적 위치와 과거 역사적인 양국 관계를 유추해 보면 중국을 활용하여 성장 동력으로 삼아야 한다는 데는 이견이 없을 것으로 보인다.

이미 중국은 우리나라의 최대 교역 대상국가로 부상했고, 현재 우리나라는 중국으로부터 연간 수백 억 달러씩 무역흑자를 내고 있다.

우리나라의 수출 내용을 들여다보면 자본재 또는 중간재 수출 위주라는 부분에서 논란의 여지가 있을 수 있겠지만, 중국시장이 한국식품 수출에 있어서도 큰 기회의 시장이라는 점은 분명하다.

넓은 중국 시장에
한국 농식품은 1%도 안돼!

—

중국 14억 인구를 상대로 한국 농식품을 판다면 금방 큰 수익을 낼 것 같지만 작금의 현실은 매우 다르다.

당장 농식품 교역만 놓고 보면 아쉽게도 무역적자라는 정반대의 현상을 보이고 있다. 이러한 현실은 식량 자급률이 낮은 우리나라 사정을 감안하면 어쩔 수 없는 측면도 있다. 그럼에도 우리 농식품이 대중국 수출을 통해 농업기술을 제고하고 농가소득을 향상시키는 동시에, 농수산물의 가격 안정과 우리 농어업의 기반을 유지하려면 농식품 수출은 절대적으로 필요하다. 이러한 요소들 때문에라도 농식품수출 산업을 발전시켜 가야 한다는 것이다.

특히, 아직은 상대적으로 열위에 있다고 평가되는 중국의 식품위생 및 안전성을 감안할 때, 우수한 가공식품을 생산해 현지인의 기호에 맞는 위생적이고 세련된 디자인과 포장으로 승부한다면 한국식품의 중국 시장개척 가능성은 매우 클 것으로 생각한다.

과거에는 한국 농식품의 인지도가 낮아 중국에 거주하는 한국인이나 조선족 동포들이 소비하는 데 그쳤으나 최근에는 한류를 등에 업고 대도시의 대형유통 매장을 중심으로 일반 슈퍼마켓·편의점 등에서도 한국식품이 상당수 진열 판매되고 있는 것을 쉽게 볼 수 있다.

그럼에도 불구하고 아직 중국에서 한국 농식품이 대중화되었다고 말하기에는 너무나 그 시장이 작아 보이고 부족해 보이기만 하다. 한국식품이 중국시장을 확대해 가려면 현지인들을 대상으로 시식·시음 등 판촉활동을 적극적으로 해야 하는데, 그러기에는 취급상(중국 현지 수입상)들의 자금력이나 홍보의 적극성 등 필요한 여력이 많이 부족해 보이기 때문이다. 대부분의 국내 수출업체 역시 규모의 영세성으로 시장 개척에 적극적인 투자를 할 수 있는 형편이 안 되는 것도 주요 이유다.

최대 소비 시장인 중국이 오히려
식품 수출에 적극적

—

근래에 보면, 사회주의 체제의 중국이 경제 분야에서는 우리보다 더욱 더 철저한 시장경제 실천자가 된 듯하다. 돈이 되는 일에 양보란 있을 수 없다는 자세로 매사에 적극적이기 때문이다. 이러한 변화가 중국의 경제발전을 견인하고 있음에는 틀림이 없어 보인다.

농산물 수출 분야라고 예외는 아니다. 넓은 농토와 풍부한 노동력을 바탕으로 한 중국의 농산물 수출 환경이 급변하고 있음을 주시하고, 우리도 적극적으로 대응해야 할 것이다.

중국 농식품 수출업체들의 식품안전의식이 높아지고 있을 뿐만 아니라 기술 장벽 극복효과가 뚜렷이 나타나고 있다. 게다가 이러한 수출증가를 외자기업이나 민영기업이 주도하고 있다. 더 이상 관치 농업이 아니라는 것이다.

전 세계 인구의 약 20%에 해당하는 14억 명을 먹여 살려야 하는 중국으로서는 식량 확보가 최대 관건이지만, 돈이 되는 것은 수출하고 부족한 것은 수입해서 해결하겠다는 발상이다.

이러한 것들을 기저로 하여 중국 공산당 창건 100주년이 되는 2021년에는 1인당 GDP 총량에서 미국을 추월하겠다며 자신감을 한껏 내비치고 있다.

2012년 대외무역 총액에서 이미 미국을 능가한 중국은 건국 100주년이 되는 2049년까지 '중화민족의 위대한 부흥'을 실현하겠다며 공공연히 밝히고 있다. 중국이 미국을 추월할 수 있을 지에 대해서는 조심스런 시각이 많지만 '세계의 공장'에서 '세계 최대 소비시장'으로 불리는 중국의 영향력을 엿볼 수 있는 대목이다.

특히 한·중FTA가 발효되어 양허 일정에 따라 관세를 철폐하여 교역을 증진시켜 나가겠다는 마당에 '수입은 빗장을 걸고 우리 것만 내다 팔겠다'는 자세는 용납되지 않는다.

우리의 농업환경도 자가 소비시대를 벗어나 소비자가 찾는 상품 생산에 주력해야할 것으로 본다. 이제 발가벗겨진 우리의 농업이 살아남을 길은 재배기술 향상을 통한 고품질 상품 생산과 원가 절감 노력을 통한 가격 경쟁력 확보가 관건이라는 생각이다.

알면 알수록 매력적인
수출 시장 중국!

—

필자가 강의할 때 가끔 던지는 농담이 있다.

단군 할아버지가 대한민국을 점지(?)하실 때 지진과 해일이 많이 발생하는 일본 열도를 피함은 물론, 위로는 중국 대륙을 가로질러 유라시아 대륙으로 나아갈 수 있고, 아래로는 태평양으로 뻗어 나가기 좋은 한반도를 선점하신 것은 5000년을 내다 본 전형적인 '알박기'라는 것이다. 복부인의 시초가 '단군'이라고 농담을 하곤 한다.

중국처럼 큰 소비시장을 지척에 두고 있다는 것이 우리 입장에서는 큰 행운임에 틀림이 없어 보인다. 그러나 현실적으로 우리는 중국시장에 대한 이해가 부족하고 중국의 유통체계 또한 복잡해 우리의 정서와 맞지 않는 부분이 많다. 게다가 전형적인 '꽌시'(关系)가 만연해 있어서 정당한 거래가 이뤄지기 힘들다고들 말한다.

그럼에도 불구하고 그 동안 필자는 우리 농식품 업체들이 중국의 가능성을 확인하고 보다 적극적으로 수출에 임해줬으면 하는 마음에서 중국의 발전 가능성을 꽤나 강조해 왔었다. 그런데 지나고 보니 지금의 중국은 예상보다 더 빨리 발전하고 시장을 키워 왔다. 10년 전만 해도 2015년까지 세계 제2교역국을 달성하겠다는 목표가 성급하다 싶었는데, 2015년 중국은 세계 제1의 교역국가가 되었다.

우리나라도 수출의 25% 이상을 중국에 의존하고 있다. 그 내용을 들여다보면 농식품 수출이 얼마나 중요한지를 알 수 있을 것이다.

'식품'은 대표적인 소비재다

—

한국이 중국으로 수출하는 주요 제품은 기계 · 설비 등 자본재이거나, 석유화학제품과 철강재 등 가공산업용 원자재와 전기전자부품, 기계부품 등 중간재이지만, 한국이 중국으로부터 수입하는 건 거의 다 소비재다. 중국이 소비재를 생산하는 데 필요한 중간재를 우리가 중국에 팔고 있는 구조인 것이다.

　이런 무역 구조로 끝까지 간다면 어떻게 될까? 가공을 거쳐 부가가치를 더 높인 소비재를 파는 나라가 우위에 설 것이 자명하다. 더욱이 지금의 무역 구조라면 앞으로도 우리나라는 중국이 생산한 소비재를 소비할 수밖에 없게 될 것이다. 소비재를 팔아야 무역에서 실익을 얻을 수 있으므로 우리도 소비재의 수출 비중을 높여가야 한다. 그렇다면 중국시장에서 중국이 생산한 소비재와 경쟁할 만한 소비재로는 어떤 것이 있을까?

　그것은 바로 식품이다! 앞서 언급한 자본재나 중간재가 없어도 인간은 살아갈 수 있다. 삶의 질이 문제가 되긴 하겠지만 말이다.

　그러나 먹거리 즉, 식품은 우리가 살아가는 데 없어서는 안 된다.

▼ 중국인들의 춘절(우리의 설날) 대이동 장면

인간의 최대 약점은 먹어야 생명을 유지할 수 있다는 것이다. 사람이라면 누구나 먹지 않고는 살아갈 수가 없기 때문이다. 그래서 식품은 대표적인 소비재이며, 많은 인구를 거느린 중국은 세계 어느 나라보다도 많은 먹거리를 필요로 하고 있다. 한국식품을 중국 시장으로 수출해야하는 당위성인 것이다.

중국 시장을 향해
가자! 한국 식품
—

그 동안 필자는 강의 등을 통해 기회 있을 때마다 중국시장을 '반드시 진출해야 할 시장, 즉 제2의 내수 시장'이라고 주장해 오고 있다.

여러 수출 시장 중 하나 정도로 생각하던 것에서 지금은 최대 수출시장임에 이견이 없는 상황까지 온 것이며, 이런 중국시장을 어떻게 효과적으로 활용할 것인가가 현재를 살고 있는 우리의 숙제임에 틀림이 없다.

수출대상국으로서 중국 현지의 상황도 많이 좋아지고 있다. 과거의 중국이 아니라는 것이다. 실시간으로 중국시장에 대한 정보를 얻을 수 있고, 소비수준도 나날이 높아지고 있으며, 유통 질서도 많이 개선돼 가고 있는 것으로 보인다.

2015년 12월 20일 역사적인 한·중 FTA가 발효되었으니 지리적으로 가장 가깝고 세계에서 제일 큰 시장이 문을 활짝 열고 우리 상품을 맞을 준비를 하고 있다는 데에 자신감을 갖고 임해야 될 것이다.

중국은 인구가 많다. 인구가 많으니까 먹을 것도 많이 조달해야 한다.

그러기에 우리는 중국으로 식품을 수출하자는 것이다. 한·중 FTA가 발효되어 양국 간에 교역은 더욱 활발하게 진행될 전망인데다가 문화한류의 영향으로 한국식품에 대한 중국인들의 관심 또한 높아가고 있다. 지금처럼 시장이 개방된 시대에는 식품의 원재료가 어디냐고 따질 시간도 없고, 필요도 없다. 중국산이든 미국산이든, 식품으로 재가공하여 맛있는 한국가공식품으로 수출시장을 개척하자는 것이다.

식품은 대표적인 소비재다. 먹어야 살 수 있는 인간에게 없어서는 안되는 절대적인 소비재다. 이러한 소비재를 수출해야 진정한 수출이라고 할 수 있을 것이다. 중국은 수출을 생각하는 기업이라면 반드시 진출해야 할 시장이고, 성공하기 위해서는 반드시 사전 준비가 필요한 시장이다.

우리와 가장 인접한 최대 규모의 식품소비 시장, '중국'을 활용하는 것은 우리의 몫이다.

▼ 2010년 중국 우한에서 개최한 한국식품 판촉전 장면

3
중국 수출이 불가하거나
어려운 농식품도 있다

❝

    한국산 농식품 중에서는 중국 정부로부터 식품 안전성을 인정받지 못했거나 수출 관련 인증 제도가 까다로워 수출이 거의 불가능한 품목들이 있다. 축산물 · 보건식품 · 친환경식품 등이 여기에 해당된다. 동식물의 경우는 사전에 검역협상을 타결해야 수출이 가능하다. 안타깝게도 닭고기 · 오리고기 등의 가금류를 포함한 소고기 · 돼지고기 등 축산물 대부분이 현재 중국 수출금지 품목이다. 반대로 일반 가공식품들은 거의 대부분 수출 가능한 품목들이다.

한국 축산물
중국으로 수출 불가능

–

    돈육 단일 품목으로 3억 달러를 수출하던 우리나라의 축산물 수출은

2000년 발생한 구제역으로 전면 중단된 채, 그 동안 수차례의 구제역과 AI(Avian Influenza · 조류인플루엔자)가 발생하면서 현재에 이르고 있다. 축산물을 수출하기 위해서는 당사국과 검역협상을 타결하거나, 가축 전염병 관리나 위생업무에 관한 국제협약을 감시 감독하는 국제기구인 OIE(국제수역사무국Office International des Epizooties)로부터 청정국가로 인정을 받아야 수출이 가능한데, 한국은 OIE로부터 청정국가로 인정을 받지 못하고 있는 상태다.

다행스럽게도 최근 들어 홍콩과 마카오에 한국산 소고기와 · 돼지고기를 다시 수출할 수 있게 되었다고 하니 반가운 소식이다. 우리나라 육지에서 유일하게 구제역이 발생하지 않은 전남에서 생산된 소고기가 2015년 12월 수출을 재개한 것을 시작으로, 2016년 6월에는 강원 횡성 한우도 홍콩 수출을 재개했다. 구제역이 1년 동안 발생하지 않은 지역에서 생산한 한우에 대해 마카오 수출도 가능해졌다.

닭고기와 오리고기 등 가금류는 우리나라가 AI 발생국가여서 중국 수출이 불가능한 상태다. 2016년 3월 'AI 청정국' 지위를 확보해 닭고기 · 오리고기 · 계란 등의 홍콩 수출을 재개했지만, 4월 들어 AI가 다시 발생하면서 홍콩 수출길이 또 다시 막혔다.

중국은 전 세계적으로 돼지고기 소비가 가장 많은 국가다. 쇠고기와 가금류의 소비량도 우리 시장과는 비교도 할 수 없을 만큼 엄청나다. 이런 큰 시장을 지적에 두고도 제대로 수출하지 못하고 있으니 안타깝기만 하다. 더욱이 국내에는 오리고기를 비롯해 중국산 축산가공품이 들어오고 있다. 중국산은 들어오는데 한국산만 중국시장에 진출하지 못한다는 건 너무나 안타까운 일이다.

축산물은 한·중FTA 양허제외 품목이다.

한국과 중국 간 검역협상을 잘 진행한다면 수출 길을 다시 열 수 있다. 물론 우리 축산 농가들의 피해도 고려해야 되지만, 슬기로운 대안이 제시되어 국내 축산 농가들에게도 반가운 소식이 되었으면 한다. 정부와 관계기관의 협상 노력, 산지의 방역 노력을 통해 어떻게든 축산물 수출을 확대해야 한다는 생각이다.

보건식품 등록 힘들어

—

건강기능식품을 중국에서는 보건식품이라고 표기하고 있다.

인삼도 중국수출이 무척 어려운 품목이다. 우리나라와 중국은 인삼의 분류기준부터 다르다. 중국은 6년근 이상의 뿌리삼(홍삼, 수삼, 백삼, 곡삼 등)은 식품이 아닌 의약품으로, 5년근을 포함한 5년근 이하 인삼제품들은 2012년부터 신자원식품이라는 명칭 하에 일반 식품화 하여 관리하고 있다. 그러나 외국 인삼 제품에 대해서는 잣대가 다르다. 특히 6년근 뿌리삼을 중국으로 수출하려면 중국 국가식품약품감독관리총국(CFDA)으로부터 사전에 수입해도 좋다는 비준(批准)을 얻어야 수출 절차를 이행할 수 있다.

규모가 큰 인삼가공업체라면 비용과 시간이 많이 들더라도 이런 절차를 거쳐 수출을 할 수 있겠지만, 규모가 작은 업체로서는 이 같은 중국의 규정이 좀처럼 넘기 힘든 높은 산일 것이다.

5년근 이하 인삼 제품
까다로운 규정의 벽을 넘어야

—

그러나 5년 및 5년근 이하 인삼 가공제품은 사정이 다르다.

중국산 제품삼에 대해서는 신자원식품으로 분류하여 중국내 유통이 자유롭게 되었다. 하지만 한국산 제품은 엄격한 통관 절차를 넘어야 하기에 중국산만큼 자유롭지 못하다. 중국에서 '신자원식품'으로 분류하여 관리하고 있는 5년근 이하 제품삼이 외국산(한국산 포함)에게는 선별적으로 적용되고 있다는 것이 문제다. 중국 통관 과정에서 당연히 신자원식품으로 분류하여 통관시켜야 함에도 보건식품 잣대를 들이대어 통관을 불허하는가 하면, 어떤 경우는 무사 통관시키는 경우도 있다고 하니 인삼 수출 업체 입장에서는 여간 헷갈리는 것이 아닐 것이다.

예를 들면, 최근 중국에서 큰 인기를 끌었던 KBS드라마 〈태양의 후예〉에서 배우 송중기가 먹었던 정관장의 홍삼스틱 가공제품도 한류 마케팅으로 인해 중국인들에게 인기가 높았다. 아쉬운 점은 인삼제품이 신자원식품이 되기 위해서는 1일 복용량이 3g 이하여야 하나, TV에 등장했던 제품의 경우 1일 복용량이 3g 초과로 보건식품 등록이 필요한 제품이었다. 아마 규정은 알았겠지만, 사전에 보건식품 등록이 빨랐으면 좋았을 텐데 하는 아쉬움이 남는다.

인삼제품 수출에 있어서 또 하나의 장벽이 있다. 중국내 인삼 주산지인 길림성 등에서 중앙정부를 대상으로 펼치고 있는 로비활동이다. 한국 인삼을 비롯한 외국 인삼이 중국시장에 확산되는 것을 막기 위해 규제 강화 등을 위한 물밑 작업이 대단하다는 전언이다.

인삼제품은 보건식품에서 신자원식품으로 분류되면서 그 나마 중국 진출에 대한 희망이 생겼지만, 온전한 보건식품을 수출하기 위해서는 넘어야할 산이 너무나 높다. 한국의 건강기능식품 34종을 중국 보건식품으로 등록했다는 KTR(韓研檢測機術服務有限公司, 上海)측이 발표한 사례를 보면, 영양소 보충제 5종과 어유 1종, 인삼제품이 28종이라고 밝히고 있다. 인삼제품을 제외하고 나면 일반보건식품으로 등록된 것은 6종에 불과하다는 것이다.

친환경식품
중국 수출 위해선 별도 '녹색식품' 인증 받아야

—

우리나라에서 친환경농산물은 '유기농산물'과 '무농약' 2가지로 구분하고 있다(저농약인증은 2015년 폐지). 이중 가장 엄격한 기준을 적용한 것이 유기농산물로, 이 유기농산물로 가공한 식품을 유기농식품이라고 한다.

우리와 비슷한 개념으로 중국에서는 친환경농산물 인증을 '녹색식품'이라고 한다. 녹색식품은 중국시장에서 발전 가능성이 가장 높은 식품군으로 꼽힌다. 중국의 경제 성장에 따른 중국인들의 소득 증가로 웰빙식을 선호하는 중국인들이 늘어나고 있기 때문이다.

하지만 한국산 유기농식품이 중국시장에 진출하기에는 가로막힌 수출장벽이 너무나 높다.

한국의 유기농 인증은 EU(유럽연합)와 미국과는 동등성 협약이 체결되어 있다. 그러나 중국과는 아직 동등성 협약이 체결되지 않은 상태이기 때문에 중국 정부가 우리나라의 유기인증을 인정하지 않고 있는 것이다.

중국 정부가 인정하는 유기인증은 EU의 유기인증과 자체 유기인증뿐이다. 따라서 중국으로 유기농 식품을 수출하려면 중국정부로부터 녹색식품 인증서를 받아야 수출이 가능한 것이다.

하지만 관련 허가나 등록기준이 까다롭고 인증획득에 기간이 많이 걸려서 인증을 받은 업체가 거의 없는 것이 현실이다.

상황이 이렇다보니 현재 유기식품을 수출하려는 업체들은 어쩔 수 없이 유기농 관련 명칭 등을 모두 삭제한 채 일반식품으로 수출하고 있다고도 한다. 중국 현지 규제에 걸리지 않고 수출하기 위해서 이런 방법밖에 생각해내지 못하는 현실이 안타까울 뿐이다.

4

중국도 식품으로서의
'안전성'이 먼저다

66

　지금까지 중국에서 수없이 많은 식품안전사고가 발생했지만, 2008년
멜라민 분유 사건은 중국 정부로 하여금 식품 안전에 일대 경각심을 불
러일으키는 계기가 됐다. 전 세계에서 중국산 먹거리에 대한 신뢰가 크
게 추락하면서, 중국 정부로서는 식품안전 관련 제도마련과 관리감독의
필요성을 더욱 절실히 느꼈던 것 같다. 그 결과 2009년 6월 1일부터 중
국도 식품안전법을 제정하여 시행하기에 이르렀다.

中 2009년 식품안전법 시행
2015년 개정 강화

–

　중국의 식품안전법은 식품표준을 분야별로 통일하고 식품에 대한 사
전감독을 강화하는 내용을 담고 있다.

또한 식품안전 위반에 대한 처벌을 대폭 강화하여 식품안전법 위반 시 업체가 제품가격의 20배에 달하는 벌금을 물도록 했고, 식품 리콜제를 도입해 소비자가 제품가격의 10배에 해당하는 배상금을 요구할 수 있도록 했다. 중국내로 식품을 수입하는 업체는 중국 국무원 수출입검험검역부에 등록을 하도록 한 것도 강화된 부분이다.

제2의 멜라민 분유 파동을 제도적으로 막겠다는 중국 정부의 의지가 엿보이는, 이전까지 없었던 강도 높은 내용이었다. 이에 따라 중국으로 식품을 수출하려는 한국 업체들도 각종 허가를 취득하고 등록서류를 마련하는 등 사전 준비가 더 많이 필요해졌다. 이러한 중국의 식품안전법은 얼마전 개정되어 2015년 10월부터 개정 식품안전법이 시행 중이다. 개정 식품안전법은 보건식품에 대한 규정이 강화된 것이 특징이다.

우리나라의 카카오톡에 해당하는 사회관계망서비스(SNS) 위챗(웨이신 · 微信)을 통한 보건식품 대리 구매가 전면금지된 것을 비롯해, 보건식품의 원료와 보건기능도 과학적으로 입증해야 하는 등 한층 까다로워졌다.

이런 경향을 종합해볼 때 현재 중국 식품소비 트렌드의 리딩(leading) 단어는 '안전성'이라고 보여진다. 자국식품에 대한 먹거리 불안감이 높아진 중국 소비자들은 점점 더 안전한 식품을 선호하고 있다는 생각이다.

식품은 '안전성'이 담보돼야 한다

—

중국 식품시장을 대표하는 트렌드는 현재도 그리고 앞으로도 단연 식품으로서의 '안전성'일 것이다. 중국 정부도 중국판 FDA(미국 식품의약국)인 CFDA를 신설했을 정도로 식품 안전 관리에 만전을 기하려 하고 있다. 중국 소비자들 역시 소득수준이 올라감에 따라 높은 비용을 지불하더라도 건강한 먹거리를 찾겠다는 식생활 방식으로 바뀌어 가고 있기 때문이다. 수입식품에 대한 선호도 또한 계속 높아갈 것으로 전망된다.

이러한 중국 정부의 노력에도 불구하고 최근의 중국 식품시장을 보면, 한번 잃어버린 신뢰는 좀처럼 다시 회복하기 어렵다는 것을 절실히 느끼게 된다.

대표적인 사례로 꼽을만한 것이 중국산 멜라민 분유 사건인데, 2008년 멜라민 분유 파동 이후 한국산 조제분유 수입액이 2011년 2300만 달러에서 2014년 7500만 달러, 2015년 9400만 달러로 해마다 증가하는 것만 봐도 알 수 있다.

멜라민 분유 파동이 중국산 유제품 전체에 대한 불신으로 이어지면서, 한국산 신선우유 수입 또한 2008년 30만 달러에서 2014년 1600만 달러, 2015년 1700만 달러로 증가하고 있다. 이처럼 한국산 신선우유와 조제분유가 선전하고 있는 것은 철저한 시장조사와 적극적인 마케팅을 통해 중국시장에서 안전식품 이미지를 굳힌 결과로 해석해도 될 듯하다.

수입식품
라벨규정에 특히 유의해야

–

'안전성'이 식품수출의 기본개념이라면, '라벨규정'은 수출을 위한 핵심절차다. 개정 식품안전법 중 국내업체가 특히 명심해야 할 것은 수입식품 라벨 심사(進口食品標簽備案) 부분이다. 중국으로 수출하는 포장식품에 반드시 중문 라벨과 중문 설명을 적어야 하며, 만약 중문 라벨과 중문 설명이 없을 경우에는 수입을 할 수 없다는 내용을 담고 있다.

중문라벨에 반드시 포함되어야 할 내용으로는 가공식품의 상품명, 원료명(첨가물 포함), 제조연월일, 유통기한, 원산지, 보관방법, 용량, 수입업체명, 수입업체 소재지, 수입업체의 전화번호 등이 있다. 시판용뿐만 아니라 원료품에도 중국어 표시를 해야 한다. 규정에 명시적으로 가능하다고 되어 있지는 않으나 한국어 표시 위에 중국어로 표기한 스티커를 붙이는 방식도 가능하다.

이와 함께 중국 위생부에서 발표해 2013년 1월부터 발효 중인 포장식품영양라벨통칙(预包装食品营养标签通测)도 수출을 준비하는 업체가 반드시 알고 있어야 한다.

중국생산 제품 및 중국시장에 수출되는 식품의 포장라벨에는 중국 정부에서 지정하는 양식의 영양성분표가 반드시 삽입돼야 한다는 내용이다. 표기해야 할 내용은 식품영양성분의 명칭과 함량, 영양소 기준치(NRV) 대비 백분율 등이다.

이중 핵심영양소(단백질, 지방, 탄수화물, 나트륨) 4가지와 열량(에너지)등의 4+1항목은 필수표기사항이다. 이외에 각종 비타민, 엽산, 아연, 칼륨, 마그네슘, 칼슘, 철분, 망간, 불소 등 기타성분도 표기할 수 있다.

절차와 규정 지켜야 수출 지속할 수 있어

—

중국 정부는 지금도 식품 안전에 대해 강경한 태도를 유지하고 있으며, 라벨링 규정을 비롯한 식품 안전, 상품 교역과 판매 조건 등을 강화한 규정을 수시로 발표하고 있다.

이런 규정을 준수하지 않고 식품 수출을 하는 방법이 있을 수도 있겠지만, 정식 절차와 규정을 지키지 않고서는 중국 수출의 지속성을 담보할 수 없다.

관련 규정에 따르기 위해서는 원가 상승 등의 불가피한 어려움도 있을 것이다. 하지만 중국 수출을 안정적으로 이어가기 위해서는 반드시 거쳐야할 과정이다. 더욱이 최근 중국시장에는 정부기관의 단속뿐만 아니라 조그마한 위법사항을 빌미로 금품을 요구하는 블랙컨슈머가 기승을 부리고 있다고 한다. 우리로 치면 식파라치쯤 되는 이런 블랙컨슈머의 타깃이 될 경우, 어렵게 성사시킨 중국 수출에서 제대로 수익이 나기도 전에 수출을 중단해야 하는 상황에 처하게 될 수도 있다.

지금까지 얘기한 것처럼 중국 식품안전법이 최근 개편되면서 수입식품에 대한 검열 및 검사가 강화되는 추세다.

변화하는 식품안전법에 맞춰 우리 수출업체들도 철저히 대비해야 할 것이다. 중국 정부의 정책에 반하는 식품 수출은 결코 오래갈 수 없기 때문이다.

우리 수출업체들이 식품안전법의 주요 내용을 사전에 숙지하고 aT의 중문라벨표기지원사업 같은 지원제도를 활용한다면, 점차 까다로워지는 중국의 위생허가 검사 및 통관규정, 심사 등에 잘 대비할 수 있을 것이다.

● 열린마당 ●

'中식품안전법' 주의보

정운용
농수산물유통공사
상하이 지사장

중국 정부가 고심 끝에 제정한 식품안전법이 마침내 오는 6월 1일부터 시행된다.

지난해에만 영·유아 6명이 숨지고 30만여 명이 신장결석 등으로 고통을 받은 멜라민 파동이 발생하는 등 식품안전에 관한 한 전 세계적으로 중국 체면은 말이 아닐 정도로 구겨진 것이 사실이다. 따라서 이전보다 강화된 식품안전 관리대책을 담은 중국 식품안전법 제정은 매우 환영할 만한 일이다.

중국의 식품안전법 제정은 당위적 측면에서는 바람직하지만 한편으로 우리에게 또 다른 숙제를 던져준다.

2012년까지 농식품 수출 100억달러 달성을 위해 지난해부터 강력한 드라이브를 걸고 있는 우리에게 강화된 중국 식품안전법은 단기적으로는 보이지 않는 무역장벽으로 작용할 것이다. 중·장기적으로 대중국 농식품 수출에 새로운 패러다임을 요구할 것으로 보이기 때문이다.

새로운 법에 따르면 그동안 난립해 있던 중국 내 식품표준은 분야별로 통일된 국가표준이 확립되고, 리스크 평가제도가 도입됨으로써 사전 감독이 강화된다. 뿐만 아니라 식품안전 위반에 대한 처벌도 대폭 강화된다.

식품안전법 위반 시 불법소득 5배까지 부과되면 벌금이 제품가격 20배까지 확대되며, 식품 리콜제도가 도입돼 소비자는 제품값 10배에 해당하는 배상금을 요구할 수 있게 된다.

특히 광고모델이 거짓 광고를 하면 연대책임을 지도록 하고 있다. 식탁 안전 강화와 소비자 권익 신장으로 요약될 수 있는 이번 법은 중국에서 식품을 제조하는 우리 기업이나 수출 업체들에는 양날의 칼이 될 것으로 보인다.

저가 수출과 국내업체 간 제살 깎기식 경쟁이 계속된다면 이번에 강화된 규제와 엄격한 단속은 중국 소비자들에게 한국 농식품에 대한 불신의 벽을 쌓게 만들 것이다.

반면 우리 식품기업들이 철저한 사전준비로 높아진 장벽을 뛰어넘을 수 있다면 이번 법 제정은 한국 농식품이 안전한 먹을거리로서 중국 소비자들에게 신뢰를 줄 수 있는 좋은 기회가 될 것이다.

이번 조치는 중국 경제 성장에 따른 중국인들의 높아진 생활수준 향상과 그에 못미치는 식품안전관리 실태가 초래하는 위험의 크기를 메우기 위한 것이기 때문이다. 이러한 까닭에 앞으로도 중국 내 식품안전에 대한 양적인 수요 증가는 물론 질적인 수준도 더욱 높아지리라 예상된다.

이제 중국에 농식품을 수출하는 기업들은 반드시 발상을 전환해야 한다. 중국도 식품소비의 질이 삶의 질을 대변하는 시대가 됐다. 대중국 농식품 수출 패러다임을 '안전성 관리'로 전환하고 이에 대한 방안을 강구하는 것이 필요하다.

중국 시장에 진출하기 위해서는 그에 걸맞은 예의를 갖추는 것이 상도의다. 변화된 소비자 기대치를 만족시키지 못하는 근시안적 접근은 모래 위에 성을 쌓는 것과 같다.

5

중국 시장 진출은
상표등록부터

"

지금까지 접해본 많은 사례를 보면, 중국 시장에 한국 식품을 수출하려는 대부분의 수출업체는 처음부터 바이어만 찾으려고 한다. 그런 다음에는 그 바이어를 통해 모든 것을 해결하려 드는 것이 우리 수출업체들의 현주소다. 이유를 물어보면, 중국 시장에 진출할 때 수출업체가 원하는 방식이나 순서로 진행할 수 없을 바에야 차라리 바이어에게 모든 것을 맡기는 것이 편하기 때문이란다.

중국 수출 첫 단계는
상표등록이다

–

중국에서 근무할 때나 그 후의 수출 지원 경험으로 감히 말하건데, 중국 수출 준비의 첫 단계는 상표(브랜드) 등록이다. 물론, 수출하고자 하는 제품이 식품으로서의 안전성이 담보되고 난 후의 얘기다.

"중국에서 다른 사람이 내 상품의 상표를 도용할 정도로 내 상품이 인기가 있을까? 어느 정도 수출량이 늘어나는 걸 보고나서 등록해야겠다." 이런 생각을 갖고 중국 수출에 임하는 것은 매우 위험한 생각이라고 조언하고 싶다.

사람 일이란 모르는 것이다. 성경 구절을 빌려 말하자면, '시작은 미약하나 그 끝은 창대할 수 있다'는 말이다. '만사불여(萬事不如) 튼튼'이라는 말도 있듯이 중국 시장에 진출하려고 계획을 세웠다면 우선 상표등록부터 하고 접근해야 함을 강조하고 싶다.

어떤 시장에 내놓던지 내 상품을 팔기 위해서는 내 상표 즉, 내 제품만의 브랜드가 있어야 한다. 상품이 롱런할 수 있는 힘은 브랜드 파워이다. 중국 시장이라고 다르지 않다. 중국 수출을 위해서도 브랜드 파워를 키워야 한다는 것이다. 그래야 경소상(经销商·중소도매상) 확보, 유통매장 입점 등에 있어 우위를 점할 수 있기 때문이다.

국내외 동시 상표등록
어렵지 않아

—

제품을 개발할 때 상표등록을 해야 한다는 것은 다들 알고 있을 것이다. 그럼에도 수출을 위한 국제상표등록이라고 하면, 뭔가 많은 비용과 까다로운 절차 그리고 시간이 많이 소요되지 않을까 걱정하는 업체가 많다.

결론부터 말하자면, 국제상표등록이라는 것이 그리 어려운 것이 아니라는 것이다. 국내 상표등록과 마찬가지로 국내의 변리사에게 의뢰해서 하면 된다. 그 방법을 간략히 설명해 본다.

첫 번째 방법으로, 원하는 국가별로 신청하는 방법이다. 예를 들어 중국에 상표출원을 의뢰할 경우 10개 품목까지 동시출원이 가능하며, 비용은 100여만 원 정도 소요된다. 베트남의 경우는 6개 품목까지 100여만 원 정도 소요된다고 한다. 물론 품목수가 추가되면 추가금이 발생한다.

한국에만 상표출원을 할 경우는 40여만 원 정도가 소요되는데, 한국에 등록 후 6개월 내에 중국에 상표출원을 하면 한국과 동일한 날짜로 출원을 받을 수 있는 '우선권 주장' 제도라는 것도 있으니 참고하면 좋을 듯하다.

두 번째 방법으로, 상표출원 신청 시 업체가 등록을 원하는 국가를 지정하면 한국에 앉아서도 여러 나라에 동시 상표 등록이 가능하다는 것이다. '마드리드 협정' 덕분이다.

마드리드 협정이란 산업재산권을 보호하기 위해 1891년 체결된 협정으로, 국내에 등록했거나 출원한 상표가 국제출원 절차를 통과할 경우 여러 국가에서 보호받을 수 있도록 한 것이다. 한 번의 출원으로 국내를 비롯해 해외 여러 국가에서 보호를 받을 수 있으며, 앞서 얘기한 국가별 출원보다 시간은 다소 더 소요되나 비용은 더 저렴한 장점이 있다.

상표 등록 간과해
소 잃고 외양간 고치는 일 없어야
–

이처럼 국제상표를 출원하는 것이 수출시장을 개척하는데 있어서 제일 먼저 해야할 일이라는 것이다. 특히 중국은 우리나라와 동시간대에 상품생산이 이뤄지고 있다고 해도 과언이 아니다.

현대는 전 세계가 실시간으로 정보 공유가 이뤄지는 IT시대이므로, 한국시장 정보를 중국인들이 먼저 알고 있다는 것도 명심해야 할 것이다.

아무리 좋은 상품을 만들었다 하더라도 중국에 상표등록이 되어 있지 않으면 중국시장에 진출할 생각을 말아야 한다.

상표를 도용당한 후 이를 되찾기 위해 들여야 하는 시간과 돈의 낭비는 이루 말할 수가 없다. 상표를 도용하여 중국에 등록하는 사람들의 목적은 하나 같이 돈이다. 자기들이 남의 상표를 등록한 후 그 제품을 만들어서 팔겠다는 것이 아니라 그 상표 주인으로부터 적당한 액수의 돈을 받으려는 목적으로 상표를 중국에 먼저 등록해 놓는 것이다.

사전에 상표등록을 하지 않아 당한 피해 사례를 보면 이해가 쉬울 것이다.

삼다수를
삼다수라 부르지 못했던 이유

—

2008년 aT상하이 지사장으로 근무할 당시, 한국식품의 유통실태를 알아보던 중 제주도의 유명 생수 브랜드인 '삼다수'가 교민시장을 중심으로 유통되고 있는 것을 발견했다. 반가운 마음에 확인해 보니 정상적인 수입절차를 거쳐 들어온 제품이 아니라 누군가가 비정상적인 방법으로 들여온, 소위 밀수 제품이 유통되고 있었다. 사유를 알아보니 누군가가 삼다수 상표를 중국에 등록해 버렸기 때문에 삼다수 상표로는 중국에 수출을 할 수가 없었던 것이다.

제주도의 생수를 들여와서 제주도의 청정 이미지를 활용한 마케팅을 접목한다면 수출시장 확대가 가능할 것이라는 판단에 바이어와 제주개발공사를 접촉하여 생수를 수출할 수 있도록 주선했다.

그런데 삼다수 상표를 쓸 수 없게 된 삼다수 측에서 상하이의 바이어와 생수 수출 계약을 체결한 후 새로운 생수 브랜드로 'JEJU'를 만들어서 수출을 하기로 했다는 것이었다.

결국 2009년 3월 'JEJU' 브랜드의 생수가 처음으로 중국에 정식 수입됐다. 하지만 생소한 브랜드에다가 중국산 대비 높은 가격 탓에 결국 쉽게 안착하지 못하는 모습을 안타깝게 지켜봐야 했던 기억이 새롭다.

다행히 몇 년이 지나 '삼다수' 상표를 도용하여 등록했던 사람과 협의가 잘 되어, 지금은 '삼다수' 브랜드로 수출하고 있다니 다행이라는 생각이 든다.

한·중 FTA로
상표권 보호 근거 마련돼

–

다행스럽게도 한 · 중 FTA가 체결되면서 한국 측의 지식재산권 분야 요구 중 일부를 중국 측이 수용했다고 한다.

주요 내용을 보면, 우선 실용신안권(산업상 이용할 수 있는 물품의 형상 · 구조 · 조합에 대한 권리) 분쟁 시 근거자료를 제출하도록 함으로써 중국 실용신안권자의 잘못된 권리 주장을 방지할 수 있게 되었으며, 유명상표 보호 강화를 규정해 중국기업의 악의적인 상표 선점을 방지하고 이의 절차를 보장하기로 했다고 한다.

덕분에 앞으로는 한국 업체가 상표권을 보호받을 수 있을 전망이다. 이런 국가 차원의 중국 내 유사상표 규제 마련과 함께, 업체가 스스로 상표등록을 완료해 유사상표 피해를 미연에 방지하려는 노력이 중요하다는 생각이다.

중국 정부가 지식재산권 분야의 규제를 강화하고 있어서 중국 기업과의 지식재산권 및 상표권 경쟁이 앞으로 더욱 치열해질 수 있기 때문이다.

● 열린마당 ●

식품 中진출은 브랜드 구축부터

요즘 중국에선 안전하고 성공적인 올림픽을 치르기 위해 모든 힘을 쏟아붓는 분위기다. 엄격해진 식품통관도 이와 무관하지 않다. 수입식품의 안전성을 확보하기 위해 통관 과정을 일일이 확인하는 절차를 거치다보니 식품업체 관련자들로서는 여간 큰 불만이 아닐 수 없다.

그렇다고 이런 조치들이 일시적으로 끝날 것 같아 보이지는 않는다. 오히려 올림픽을 기회로 사회 각 분야에서 선진 제도를 더욱 강화해 가려고 할 것으로 관측된다. 업체나 관계자들은 이 시점에서 우리 자신을 냉정히 되돌아봐야 할 때라고 생각한다. 그동안 중국시장을 너무 가볍게 보고 쉽게 접근하려 하지 않았는지?

얼마 전까지만 해도 중문표기가 안돼 있거나 위생증명서 등 일부 서류가 미비되어도 한국식품이 갖는 소량다품종 특성상 별 어려움 없이 통관돼 온 게 사실이다. 그러나 이제 중국도 과거의 중국이 아니다. 한마디로 말해 대충대충 하던 시대는 지나갔다는 얘기다.

오래 전 중국에 '죽의 장막'이 있다고 했다. 1978년부터 시작된 개혁·개방 정책으로 죽의 장막이 없어진 지 오래지만 그 뒤에 숨어 있는 중국만의 거대한 장벽이 존재하고 있다는 것을 알아야 한다. 그것은 대국으로서의 자존심, 자긍심에 기인하는 것일 수도 있다. 이런 중국시장을 낮춰보고 저가 수출이나 밀어내기식 막무가내 식품 수출을 해서는 안 된다는 것이다.

그렇다면 중국시장에서 살아남기 위해 어떻게 해야 하는가. 여러 가지 방안을 얘기할 수 있겠으나 모든 것을 포괄할 수 있는 단 하나의 방안을 말한다면 자기 브랜드를 키워가야 한다는 것이다. 브랜드는 과거에는 단순히 이름이나 심벌 등과 같은 시각적 표현물에 국한된 개념이었지만, 이제 브랜드는 상품이 소비자에게 주는 소비가치로서의 신뢰이자 전부인 것이다. 그렇기 때문

정운용
농수산물유통공사 상하이 지사장

에 장기적인 안목으로 모든 식품의 브랜드화 작업을 하지 않는다면 중국에서 살아남기 어려워질 것이라는 말이다.

한국식품이 중국시장에서 뿌리내리지 못하는 것은 중국인을 상대로 브랜드를 만들어가는 고통 없이 한국 내 소비자들의 입맛과 기호에 맞춰 만들어진 상품으로 중국시장에 접근하려는 자세가 원인이 아닌가 생각한다.

나라별로 식관습이 상이하고, 선호하는 디자인이나 소득 수준이 천차만별인데 이러한 요소들에 대한 세심한 배려 없이 '내가 괜찮으니까 너도 괜찮을 거다'는 발상은 마치 이솝우화에 나오는 여우와 두루미의 저녁 식탁을 연상케 한다.

이제 우리 농식품도 브랜드라는 '얼굴'을 가지고 세계시장에 접근해야 한다. 고객과의 성공적인 대면을 위해서는 '친밀한' 표정과 '책임감' 있는 눈빛 그리고 '열정' 어린 태도가 필요하듯 우리 농식품의 성공적인 브랜드 구축 전략도 이와 크게 다르지 않다.

우리 농식품 브랜드 또한 우리의 식문화가 갖고 있는 특장점을 살려 거기에 혼을 불어 넣고, 이를 현지인들의 마음 속에 파고들게 해야 한다.

물론 강력한 브랜드를 만드는 것은 결코 쉬운 일이 아니다. 또한 아직까지 영세한 우리 농식품의 해외 진출 여건을 감안한다면 당장 빼먹을 수 있는 곶감 앞에서 미래를 생각하기란 쉽지 않은 결정일 것이다. 하지만 우리 농식품 수출이 순간의 차익을 노리는 '장사' 수준에만 머물지, 아니면 우리 농업의 미래 비전을 제시할 성장동력으로 거듭날지는 정부, 수출업체, 농업인 등 농업 관계자 모두의 마음에 달려 있다.

6

중국 수출이 유망한
한국 농수산 식품은?

"

중국은 넓은 지역에서 생산되는 수많은 식자재와 오랫동안 이어져 오는 생활 문화를 바탕으로 다양한 식문화를 형성해왔다. 이를 바탕으로 식품산업도 발달해 왔다. 중국의 식품산업은 빠르게 성장해 가고 있으며, 그 중에서도 가공식품 시장의 성장세가 급속도로 진행되고 있다.

하지만 중국 내 자국산 식품에서 안전성 사고가 끊이지 않은 탓에 수입식품을 선호하는 경향이 높아지고, 식품수입액 또한 지속적으로 증가하는 추세다. 이와 때를 맞춰 한·중 FTA가 발효됐으니, 한국 농식품은 중국시장에 진출할 좋은 기회를 맞이했다고 생각된다.

최근 중국 식품시장의 트렌드를 잘 읽고 대응한다면 상품을 개발하고 효과적인 마케팅을 펼치는데 도움이 될 것이다.

단일시장으로 접근하되
기후·입맛·포장디자인 등 현지화해야

—

중국은 국토가 넓고 민족이 다양하게 존재하고 있으니 권역별로 문화 차이를 구분하거나, 특히 식품소비에 있어서 권역별로 시장을 구분해서 대응해야한다고 주장하는 이들을 자주 봤다. 하지만 이것은 보고서용일 수밖에 없다고 잘라 말하고 싶다.

예를 들어 미세한 맛의 차이나 기호의 차이를 인정하여 여러 종류의 제품을 만든다고 가정을 해보자. 그럴 경우 한국의 식품제조 업체 입장 에서 얼마나 많은 노력을 해야 할까? 수출을 하기 위해서 그 정도는 분 석하고 노력해야 될 것 아니냐고 할 수도 있으나, 지금의 중국은 인터 넷, SNS 등 정보통신의 발달로 식문화를 실시간으로 공유하는 시대에 와있다.

물론 지역에 따라 식문화의 차이는 엄연히 존재한다. 하지만 한국식 품 제조업체들이 그런 식문화의 차이를 따라 '단맛이다, 짠맛이다, 신맛 이다'하는 지역별 맛을 다 맞추면서 포장재도, 디자인도 기호대로 특징 에 맞춰서 여러 가지 상품을 만들기에는 한계가 있다는 것이다. 원가 개 념이랄까? 공장을 돌리는 입장에서 보면 가성비나 채산성이 맞지 않을 것이란 얘기이다.

그래서 중국시장은 단일시장이라고 보고 접근하는 것이 한국식품을 수출하고 시장을 관리하는 수출업체 입장에서는 더 자신감이 생길 것이 라는 생각이다.

건강식품
소비시장 계속 늘어날 것

—

식품분야 중에서 특히 성장세가 눈에 띄는 분야가 건강식품이다. 중국의 건강식품은 일반건강식품과 보건식품(건강기능식품)으로 크게 나뉘는데, aT가 발표한 자료에 따르면 중국의 건강식품 소비액이 최근 4년간 연평균 30%씩 성장했다고 한다. 이러한 건강식품 소비증가는 중국 소비자들의 건강에 대한 인식이 높아진 데 따른 것이다.

건강식품 시장의 성장은 중국 정부가 추진 중인 정책과도 관련이 있다. 중국 정부는 지난 2011년부터 5개년 계획으로 자국민의 건강개선을 목표로 한 정책을 추진 중이다. 여기에 힘입어 중국 내에서 보건식품의 유통소비가 활발해지는 경향이다.

더욱이 중국 소비자들은 자국산 먹거리에 대한 불안감이 높기 때문에 한국산을 비롯한 외국산 건강식품에 대한 관심과 수요가 앞으로도 계속 늘어날 것이라는 전망이다.

이처럼 중국내 식품시장이 급성장하고 있지만, 아직까지는 중국자체 식품가공 적용기술의 수준이 비교적 높지 않다는 것이다. 실제 중국의 백화점이나 대형마트에 가보면, 가공식품 부문에서는 수입산 제품이 많이 눈에 띈다.

그중에서도 건강기능성을 높이거나 최신 가공기술을 접목해 만든 제품은 대부분 유럽·일본산이다. 중국의 보건식품 시장진입이 쉽지 않은 절차를 거쳐야 하긴 하나 국내에도 기술력 있는 식품가공업체가 많으므로, 중국의 보건식품 시장 진출을 노려볼만 하다는 생각이다.

친환경 유기농 '녹색식품'
인증 어렵지만 매우 유망한 시장

—

우리 나라의 친환경 유기식품에 해당하는 중국의 녹색식품 수요도 가 파른 속도로 늘어가고 있다. 이는 중국의 경제가 발전하면서 소득 수준 이 높아지자 식품의 소비 패턴도 '양'에서 '질'을 중시하기 때문으로 보 여지며, 이에 힘입어 중국은 세계 4대 유기식품 소비대국이 되었다.

유기식품을 포함한 건강 웰빙식품 시장규모도 급속도로 성장하고 있 음에도 불구하고 한국산 유기식품들이 접근하기에는 매우 높은 '인증' 장벽이 있다는 것이 아쉬운 대목이다. 현재 한국 유기농 인증은 미국 · 유럽과는 '동등성인증'이 협약되어 수출이 가능하나, 중국과는 동등성 협약이 되지 않기 때문에 중국으로 한국산 유기식품을 수출하려면 중국 정부가 인정하는 '녹색식품' 인증을 별도로 받아야 가능하다.

중국의 녹색식품 인증을 받으려면 절차와 조건이 까다로운 데다가, 장기간이 소요될뿐만 아니라 비용도 많이 소요되면서 취득이 쉽지 않다 는 데 우리의 고민이 있는 것이다.

가정간편식(HMR) 시장
중국도 예외 없이 급성장

—

HMR(가정간편식) 시장도 앞으로 유망할 것이라는 생각이 든다. 이는 전 세계에서 공통적으로 나타나는 식품소비 트렌드 중 하나다.

우리나라의 경우 HMR 시장규모가 올해 2조 원을 넘을 거라는 업계 전망이 나왔을 정도로 시장이 커지고 있다.

한국이 이 정도 시장이라면 중국의 HMR시장은 어떨까? 중국인들은 젊은이들을 중심으로 출근하면서 길거리나 차에서 간단히 아침 식사를 해결하는 사람들이 많은 편이다. 이런 식습관을 고려해 볼 때 중국에서의 HMR시장은 매우 가파르게 성장할 것으로 예견된다. 중국시장에 진출하려는 한국식품 업체들이 이런 시장을 엿보는 것도 하나의 방안이라고 하겠다.

음료·영유아 식품 수출은
언제나 파란불

—

중국은 전통적으로 차 문화가 발달한 나라이면서 단맛을 선호하고, 웰빙에 대한 관심도 점점 높아가고 있는 시장이다. 재료와 방식, 맛과 향이 다채로운 한국산 음료가 관심을 받기에 충분한 시장이 되고 있는 것이다.

더욱이 음료제품은 소비시장에서 분위기를 잘 타고 적극적으로 마케팅하면 중소업체 제품도 충분히 인기를 끌 수 있다.

2016년부터 실시된 중국의 '두 자녀 허용정책'도 농식품 수출업체에게 호재로 작용할 수 있을 전망이다. 이러한 영유아 시장을 내다 본 국내의 영유아 대상 의류와 완구업계에서는 벌써부터 중국수출을 활발하게 준비하고 있거나 실행하고 있다고 한다. 이처럼 커지는 영유아 시장을 대상으로 전용 식품 개발에 관심을 갖는 것은 당연한 일이 아니겠는가?

중국은 2014년부터 3세 미만 유아용 식품에 대한 표준정책을 시행하고 있다. 하지만 3세 이상 유아용 식품은 여전히 성인식품의 규제를 따르는 실정이다.

이에 따라 '어린이기호식품 품질인증제품(안전하고 영양을 고루 갖추고 있어 어린이의 건강 증진에 기여할 수 있다고 식품의약품안전처에서 인증한 제품)' 등 국내 기준을 통과한 제품의 경우 이런 안전성을 적극 홍보한다면 중국시장에서 경쟁력이 있을 것이라는 생각이 든다.

국내업체가 중국으로 음료를 수출하기 위해서는 수입무역이 가능한 영업집조(营业执照 · 우리나라의 사업자등록증과 같은 개념)와 해당 제품에 위생허가증을 받은 중국 수입자와 거래해야 한다.

▼ 영유아 식품 전시·판촉 장면. aT제공

2부. 중국 수출, 아는 만큼 성공할 수 있다

또 국내업체는 실제 수출할 제품을 업체 소재지의 지방 식품의약품안전청장에게 신고하여 식품검사를 받고 검역증 원본을 발급받아 중국 수입자한테 반드시 보내줘야 한다.

생산자 또는 수출자가 발급한 성분표, 제조공정도, 한 · 중FTA 협정세율에 적용되는 품목일 경우에는 중국 수입자에게 C/O(원산지증명서)도 보내야 한다. C/O를 보내는 이유는 두 가지인데, 하나는 FTA 특혜관세 혜택을 적용 받기 위해서이고, 다른 하나는 FTA이전부터 대만 등과 함께 적용받아 온 특혜관세 혜택을 적용받기 위한 한국산 확인 목적으로 제출하는 C/O가 있다.

이런 절차상의 유의사항만 잘 알고 있다면 국내 중소업체가 중국의 음료시장에 진출하는 일은 그리 어렵지 않다고 본다.

▼ 2016 SIAL China의 한국 아동식품 홍보관

기능성 우유 음료
'빙그레 바나나맛 우유' 틈새시장 공략 성공

—

중국시장 진출에 성공한 음료 이야기를 하나 할까 한다.

잘 알려진 '빙그레 바나나맛 우유'다. 음료 얘기에 웬 우유인가 싶겠지만, 식품분류 상 바나나맛 우유는 유제품이 아니라 기능성 음료에 속한다. 이 바나나맛 우유가 중국시장에서 대형 홈런을 날린 이야기는 이렇다.

1부에서 언급했듯이, 한국산 신선우유가 2008년 9월 2일 처음 중국시장으로 수출되어 2009년에도 인기를 이어가던 2009년 가을쯤, 칭다오에 소재한 한국식품 전문 수입업체인 서성국제무역유한공사(당시 총경리 :

▼ 중국에서 인기를 누리고 있는 테트라팩 바나나 맛 우유

박진희, 현재는 회장)가 노란색 테트라팩에 담겨 있는 '빙그레 바나나맛 우유'를 수입하여 한국우유 시장의 인기에 편승을 시도했다. 그러나 초반에는 중국인들에게 큰 관심을 끌지 못했던 것으로 기억한다.

그러던 2010년 초, 한국산 생우유의 수입이 전면 금지되면서 놀라운 상황이 벌어졌다. 시장에서 졸지에 자취를 감춘 한국산 신선우유를 찾던 소비자들은 '안전성'이 담보되지 않는다고 생각하는 중국산 우유 대신 한국산 '바나나맛 우유'를 구매하기 시작했기 때문이다.

'바나나맛 우유'는 우유가 아니고 바나나 향을 첨가한 음료임에도 겉포장에 '바나나 맛 우유'라고 표기되어 있으니 중국 소비자들은 단맛이 나면서 바나나 향이 나는 한국산 우유로 착각(?)을 하고 구매를 하기 시작했던 것이다.

꿩 대신 닭이라도 잡겠다는 심정이라고나 할까?

중국에서 고급 과일로 인식되던 바나나를 콘셉트로 만들었고 중국인들이 좋아하는 단맛까지 있는데다가 겉포장지에는 우유로 표기된 한국 제품이다 보니, 빠른 속도로 판매가 늘기 시작했고 얼마 지나지 않아 빙그레 바나나맛 우유는 선풍적인 인기를 끌게 되었고, 그 여세를 몰아 타이완 등 동남아시장에서도 인기품목으로 등극하면서 전세계인의 사랑을 받는 음료로 거듭나고 있다.

실제로 바나나맛 우유는 상표에 '바나나맛 우유'라고 표기되어 있음에도 음료 관세를 물고 통관함으로서 한국산 신선우유가 수입금지된 것과는 상관없이 통관될 수 있었다. 그러면서 중국시장에서 한국 신선우유가 누리던 인기를 고스란히 물려 받아서 인기상품으로 등극할 수 있었던 것이다.

어육소시지
돈육소시지의 변신은 무죄

—

한국의 소시지 제품 중에 어린이 간식용으로 생산 판매하는 '천하장사'라는 제품이 있다. 당초 이 소시지는 돈육으로 만들어져서 축산물 수출이 금지된 중국으로는 수출을 할 수 없는 제품이었으나, 2008년 8월 중국 칭다오에 소재한 '해지촌(총경리 : 곽동민)'이라는 한국식품 전문 수입상이 돈육 대신 어육을 사용한 제품을 중국으로 수입 판매하면서 지금은 중국 내에서 인기 있는 제품으로 자리 잡아가고 있다.

그 당시만 해도 어린이 간식용 식품이 많지 않았던 중국시장에 어육으로 만든 '천하장사'의 출현은 다소 의외의 제품이었다. 그러나 중국시장 출시 후 곧바로 터진 멜라민 분유 사건으로 자국의 식품 안전성에 불신이 최고조로 팽배해진 중국인들은 믿고 먹을 수 있는 한국산 소시지에 관심을 갖기 시작 했던 듯 하다.

▼ 중국 대형 유통매장에 진열된 어린이용 햄 제품

'해지촌' 관계자에 따르면, 2008년 '천하장사' 어육소시지가 중국시장에 진출할 당시 중국시장에는 이미 일본산 소시지 제품이 유통되고 있었다. 더구나 한국산의 1/3~1/4 정도 가격인 중국제품도 유통되고 있어서 초기시장 확보가 쉽지는 않았다고 한다.

그러던 중 2011년 3월 일본 후쿠시마 원전사고로 인해 일본산 식품의 소비가 급감하면서 한국산에 대한 수요가 늘어나기 시작했다고 한다.

지금은 이런 어육소시지 시장이 꽤나 커져서 중국산 유사제품도 많이 유통되고 있는 실정이다. 한국산 생우유가 그랬듯이 시장에 없는 것을 처음 출시한다는 것은 그만큼 위험부담을 감내해야 하는 것이기 때문에 어떤 품목이든 사전에 철저한 시장 조사가 반드시 필요한 것이다.

어육소시지를 수출할 경우 수출위생증명서를 발급받아야 하는데, 수산물 함량에 따라 증명서 발급기관이 달라지니 유의해야 한다.

어육함량 50%이하일 때는 식약처에서, 그 이상일 때는 수출위생증명서를 해양수산부 산하 국립수산물품질관리원(이하 수품원)에서 받아야 한다. 현재 한국산 어육소시지의 어육함량은 68% 정도이니 이런 경우는 수품원에서 증명서를 받아야 한다는 얘기이다.

폭넓은 소비층으로
한국산 어묵 전망 밝아

—

현재 우리나라에서 중국으로 수출하는 수산식품으로는 오징어(냉동), 명란(냉동), 조미김, 명태(냉동), 대구(냉동), 삼치(냉동), 넙치(냉동), 다랑어(냉동), 굴(냉동), 전복(자숙) 등이 있다.

특히 중국의 수산식품 소비에 있어 1차 수산물과 2차 수산가공품 모두 시장이 커지고 있는 것은 확실하다. 우리나라는 그중에서도 1차 수산물보다는 가공 상태의 2차 수산품에 관심을 가져야 할 것이다.

이중에서도 가장 유망한 수산품은 어묵시장이다.

중국시장에도 어묵이 없는 것은 아니지만 낮은 제조가공 기술로 맛이나 포장상태 등이 아직은 우리보다 경쟁력이 낮은 것으로 평가되고 있다.

일반 중국인들이 쉽게 접근할 수 있는 편의점 · 재래시장 · 외식업체는 물론, 비교적 상류층이 주요 고객이라고 할 수 있는 골프장의 그늘집에서도 쉽게 접할 수 있는 것이 어묵제품이다.

생선살로 만든 어묵은 한국인들도 좋아하지만 중국에서도 인기 있는 식품이며, 그 시장은 더욱 확대될 것으로 생각된다.

한 · 중 FTA 기준 관세율은 10%에 양허유형은 10년 철폐로 협정이 되어 있다. 그러나 한국산은 인지도가 낮은데다 가격 경쟁력이 낮아 중국시장 진출에 어려움이 있기는 하다.

중국은 인구에 비해 편의점 수가 매우 부족한 상태이기 때문에 향후 편의점 시장은 물론, 중국인들이 즐겨 먹는 마라탕, 훠궈(火锅, 끓인 육수에 고기와 채소, 어묵 등 다양한 재료를 넣어가며 익혀서 먹는 요리) 등 어묵을 사용할 수 있는 외식 식재료로도 수요가 상당할 것으로 판단된다.

뿐만 아니라 간편식으로도 그 시장성은 충분하다고 생각되므로 이런 분야에 집중할 것을 권한다.

활(活) 넙치 등 활어류
중국인들 입맛 다실 품목으로 성장할 기세

–

중국 소비자들에게 수산식품은 웰빙 식품으로 인식되고 있으며, 소득 수준이 올라갈수록 수산식품 소비가 많아지는 경향을 보인다. 아직까지는 잉어 등 담수어류의 소비 위주이지만 상하이 등 동부 연안 대도시의 고소득층을 중심으로 연어 등의 고급 수산물과 활어에 대한 수요가 늘고 있다.

중국은 그동안 유럽의 식문화 영향을 많이 받아 수산물을 완전히 익혀먹는 습관이 있었는데, 최근에는 대도시를 중심으로 신선상태로 소비하는 스시(초밥)문화, 생선회 문화가 번져가고 있다. 이러한 움직임은 앞으로 더욱 가속화될 것이 예상되므로 우리 수산식품의 중국수출을 적극 장려하고 지원해야 한다고 생각한다.

한국 해역에 출몰하는 중국 어선들의 불법조업이 갈수록 기승을 부리는 것도 중국인들의 수산물 소비가 늘어났기 때문이 아닐까 싶다.

무엇보다 중국인들이 수산식품을 많이 먹기 시작했다는 점에서 수출을 생각하는 국내업체들이 기대해볼 만 하다.

수산물을 중국으로 수출할 때는 활어 · 선어 · 냉동 · 수산가공품 상태 중 하나로 보내게 될 것이다. 이중 활어 상태로 수출할 수 있을 만한 어종은 넙치(광어)로, 2008년 상하이지사장으로 근무할 때 제주산 넙치를 항공운송을 통해 상하이로 수출토록 한 적이 있었다. 많은 양은 아니었으나 비닐봉투에 바닷물을 담은 후 넙치를 넣고 산소를 충전하여 제주 어류양식수협을 통해 수출토록 했다.

이렇게 수출된 넙치는 상하이 몇 곳의 횟집을 통해 판매되곤 하였으나 중국산 넙치와의 가격 경쟁력을 이기지 못하고 아쉽게도 얼마가지 않아 수출이 중단되고 말았다. 아직까지 중국에서는 생선회 등 활어 상태 수산물을 많이 먹고 있지 않기 때문에 수출시장이라고 얘기하기에는 시기가 이르다.

그 대신 익혀먹을 수 있는 선어 상태의 생선으로는 대구, 삼치 등이 있으며 냉동상태의 참치 또한 중국시장에서 가능성이 있다고 생각된다.

또한 우리가 많이 생산하는 넙치(터봇포함)의 경우를 보자. 중국인들은 물고기를 찜이나 탕으로 즐겨 먹는데 붕어, 가물치 등 담수어류와 가자미 소비는 많은 반면, 넙치 소비는 그리 많지 않으며 일반적으로 찜 형태로 요리하는 것을 선호하는 것으로 알려져 있다. 넙치뿐만 아니라 1차 수산물의 경우 신선도 때문에 수입산보다 국내산을 더 선호하는 것으로 보인다. 넙치에 대한 인지도가 낮고 활어회를 즐기지 않는 것이 걸림돌이기는 하지만, 소득수준의 향상으로 넙치 소비 증가가 예상된다.

관세율은 기준세율 10%에서 5%(냉동), 10%(활넙치)로 구분 적용된다.

자숙 전복·냉동 굴
유망한 수출 상품

–

전복도 수출 유망한 수산물이라고 할 수 있겠다.

중국은 전 세계에서 전복 생산량이 가장 많은 나라이지만, 공급이 부족할 정도로 소비량이 많다. 이 같은 현상은 중국인들의 생활 수준이 향

상되면서 전복이 고급 식자재로 인식되고 있기 때문이다. 그동안 호주·
말레이시아 등의 전복을 주로 수입하였으나 한국산 전복 수입도 확대되
는 추세에 있다.

또한 활전복과 자숙 전복 등 가공된 전복의 관세는 한.중 FTA협정이
발효되면서 5%이던 기준관세율이 0%가 된 것도 수출시장 확대에 도움
이 되고 있다.

앞으로의 시장 전망은 활전복 시장도 있지만 그보다는 전복 통조림
제품이 더 유망할 것으로 기대된다.

굴 또한 중국인들이 많이 소비하는 수산품이다.

중국에서 굴은 신선 상태로 바로 먹기 보다는 탕이나 각종 요리 재료로
많이 사용하는데, 고급식당에서 마른 굴을 이용한 요리로 굴 소비가 있는
반면, 대도시를 제외한 내륙지역은 굴요리가 보편화되어 있지는 않다.

▼ 2010년 완도 업체 SeaFood와 상해 집진제의 전복 등 수산식품 업무협약 장면.
맨오른쪽 e-mart중국법인장 정오묵, SeaFood 조태희사장, 가운데가 필자

중국 소비자들의 굴 소비는 크게 가정소비와 식당소비 두 가지 형태로 볼 수 있는데, 가정소비는 주로 신선한 생굴을 탕으로 요리하며, 찜·튀김·구이·계란볶음 등으로 소비하는 반면 호텔·레스토랑에서는 냉동 굴을 찜요리 위주로 소비한다.

현재 굴의 가공형태는 신선, 건조, 즉석진공포장, 통조림 형태 등이 있다.

굴 소비량은 점차 증가하고 있는 추세다. 유럽 최대 굴 생산국인 프랑스에서 가장 많이 수입하고 있고, 우리나라에서는 냉동굴을 수입하고 있다. 한국산 갯벌참굴(개체굴)의 맛과 크기는 프랑스산과 큰 차이가 없고 가격이 저렴한데다 운송기간도 짧아 선호하고 있지만 통관상 위생기준 충족 등에 어려움이 있다.

소득 수준의 향상과 한류의 영향 등으로 냉동 생굴의 수출확대가 기대되며, 관세율은 기준세율 5%에서 FTA가 발효되면서 0%가 되었다.

또 중국인들이 많이 먹는 수산물 중에 하나가 해삼인데, 해삼 또한 신선상태로는 수출이 어려워 마른해삼 상태로 중국수출을 추진해보고 있지만, 중국 측에서 요구한 녹색식품 인증을 받기가 여간 까다로운 게 아니어서 아직까지 정식 통관을 거쳐 중국으로 수출하는 마른해삼은 없다고 해도 과언이 아닐성 싶다.

이외에도 수출유망 수산식품으로는 게맛살이나 미역 등도 중국에서 소비가 늘고 있어서 충분히 도전해볼 만한 시장이며, 국내에선 크게 알려지지 않았지만 중국에선 약재 또는 고급요리 재료로 꼽히는 해마가 있다. 현재 제주에서 해마 양식에 성공해 앞으로 제주산 양식 해마를 중국으로 수출할 수 있을 것으로 전망된다.

농산품과는 다소 다른
수산식품 수출 절차

—

수산식품 수출에 관심 있는 업체를 위해 수출 절차와 갖춰야 할 증명 서류에 대해 간략하게나마 소개하고자 한다.

수산물 중에서 참치나 명태와 같은 원양어획물의 경우 우리나라의 국립수산물품질관리원(이하 수품원)으로부터 어획증명서를 발급받아 중국 측 바이어에게 다른 선적서류와 함께 보내야 한다.

국내 가두리양식장에서 양식한 어류도 수품원을 통해서 중국 질검총국에 수출수산물 양어장 등록을 하여야 하며, 수출을 할 경우는 수출위생증명서를 발급받아야 한다.

또한 조미김처럼 수산가공품을 수출할 때에도 중국 질검총국에 수출공장 등록을 해야 수출이 가능하다. 이때 경우에 따라, 중국 질검총국 관계자가 국내에 들어와 양식장이나 수출작업장을 실사하기도 한다.

어획증명이나 양어장 등록, 가공공장 등록 등을 마치고 난 후 중국으로 수출을 하려고 한다면 중국 정부가 정한 기준에 맞춰 중문으로 라벨표기를 해야 한다. 품목에 따라서는 통관증명서가 따로 필요하다. 통관증명서는 한국 수산물을 수입하려는 중국업체가 중국 세관에 신청해서 발급받는데, 눈다랑어 등의 4개 어종 13개 품목에 대해 합법적 어획 통관증명서가 필요하다고 한다.

수출 대상 제품에 대해 중문표기를 마치고 포장디자인 등을 한 후 상업송장(commercial invoice)과 포장명세서(packing list)를 작성한다. 그리고 대한상공회의소나 관세청으로부터 원산지 증명서를 발급받은 후 해당 한국세관으로부터 수출신고서(수출면장이라고도 함)를 발급받는다. 수품원에서 발행하는 수산물 위생증명서(health certificate)도 발급받아야 한다.

위생증명서 적용대상은 원료 수생동물과 단순가공품, 다른 원료를 사용하지 않고 원료를 알아볼 수 있도록 절단, 염장 등을 한 수산물 전체다. 위생증명서에는 품목, 원산지, 생산방식 및 가공방식, 생산 가공업체 명칭과 등록번호, 운송수단, 밀봉번호, 선적일, 수령일, 수량 및 중량, 생산일자 등이 표시되어야 한다.

이때 알아야 할 것은 위생증명서는 같은 품목이라 할지라도 매번 수출할 때마다 반드시 새로 발급받아야 한다는 점이다.

발급받은 위생증명서를 원산지 증명서, 선하증권 등과 함께 중국 바이어에게 보내주면, 이 서류들을 중국 측 세관에 제출해서 수입 통관을 진행하게 되는 것이다. 이런 일련의 절차들은 관세사, 포워딩 회사 등에서 대행해주기도 한다.

[기고-정운용]

중국 농업을 알아야 한국 농촌이 산다

– 정운용 aT 수출전략처장

경제 분야에서 국가 간 상호 의존성이 날로 높아지고 있다. 농업 분야에서도 이러한 현상은 마찬가지다. 단적인 예로 국내 농산물 작황이 여의치 않을 경우 가장 먼저 취할 수 있는 조치는 무엇일까. 주변국 시장으로 신속히 눈을 돌려 물량을 확보하는 것을 생각해 볼 수 있다. 지난해 배추 가격 급등 사태에 대응한 정부의 우선적 조치도 이와 같은 맥락으로 이해해 볼 수 있다.

이러한 측면에서 보면 중국은 한시도 눈을 뗄 수 없는 국가이다. 지난해 우리나라 농식품 교역 실적을 보면 중국은 수출에서는 일본, 수입에서는 미국에 이어 2위를 차지했다. 하지만 그 내막을 들여다보면 고추, 마늘 등 수급 민감 품목의 90% 이상이 중국으로부터 수입되는 현실에서 실질적으로 우리 식탁에 가장 큰 영향력을 갖는 나라이다. 그리고 그 영향력은 계속 커질 것이다. 막대한 영향력만큼이나 중국은 인구, 경제규모, 영토, 모든 면에서 대적할 나라를 찾기 힘들다. 상대적 영향력과 절대적 규모가 동시에 큰 국가, 중국. 우리는 세계의 공장이자 식량기지로 발돋움하고 있는 중국에 대해 얼마나 알고 적절히 대비하고 있는가.

중국 농업은 경제 발전 속도만큼이나 빠르게 성장하고 있다. 시장 경쟁력을 좌우하는 가격과 품질에서 비교우위가 있는 데다 기업 중심의 생산계열화가 이루어져 경영 부분도 빠르게 변화하고 있다. 게다가 급물살을 탈 것으로 예측되는 한·중 자유무역협정(FTA)도 우리 농업에 작지 않은 부담이 될 것임은 자명해 보인다. 물론 소규모 생산, 비숙련노동, 낮은 생산성 등 아직 해결할 문제가 많다는 지적도 있지만 빠르게 세계 식탁을 점령해가는 것만큼은 분명해 보인다.

상황이 이러한데 현재 우리 농업의 대중 대응 조직은 어떠한가. 중국에는 1명의 농무관과 aT의 3개 지사(베이징, 상하이, 칭다오)가 정부의 대중 농업정책과 시장개척을 뒷받침하고 있을 뿐이다. 이 정도의 조직으로 14억 인구와 959만km^2의 거대 대륙을 상대로 마케팅을 전개한다는 것은 매우 벅차 보이는 것이 사실이다.

우리가 관련 조직과 인력을 대폭 확충해서라도 중국의 농업을 면밀히 살펴야 하는 이유는 크게 두 가지로 생각해 볼 수 있다. 첫째로 중국의 농산물 작황과 국내 농산물 수급관리가 밀접한 관련이 있기 때문이다. 농산물은 특성상 일단 수급에 문제가 생기면 대책은 사후약방문일 가능성이 크다. 따라서 실효성 있는 농산물 수급안정 대책을 수립하기 위해서는 사전 관측 기능이 필요한데, 현재 보유하고 있는 네트워크나 인력으로는 분명히 한계가 있어 보인다.

둘째로 우리 농산물 수출에서도 중국은 큰 매력을 지닌 시장임이 틀림없다. 중국은 농산물 수출대국이기도 하지만 엄청난 인구 탓에 연간 90조 원 규모의 거대 수입국이기도 하다. 이 같은 거대시장을 개척하기 위해서는 숲과 나무를 동시에 살펴야 하는, 밀도 있는 시장개척 전략과

[기고] 중국 농업을 알아야 한국 농촌이 산다

경제 분야에서 국가 간 상호 의존성이 날로 높아지고 있다. 농업 분야에서도 이러한 현상은 마찬가지다. 단적인 예로 국내 농산물 작황이 여의치 않을 경우 가장 먼저 취할 수 있는 조치는 무엇일까. 주변국 시장으로 신속히 눈을 돌려 물량을 확보하는 것을 생각해 볼 수 있다. 지난해 배추 가격 급등 사태에 대응한 정부의 우선적 조치도 이와 같은 맥락으로 이해해 볼 수 있다.

정문용 aT 수출전략처장

이러한 측면에서 보면 중국은 한시도 눈을 뗄 수 없는 국가이다. 지난해 우리나라 농식품 교역 실적을 보면 중국은 수출에서는 일본, 수입에서는 미국에 이어 2위를 차지했다. 하지만 그 내막을 들여다보면 고추, 마늘 등 수급 민감 품목의 90% 이상이 중국으로부터 수입되는 현실에서 실질적으로 우리 식탁에 가장 큰 영향력을 갖는 나라이다. 그리고 그 영향력은 계속 커질 것이다. 막대한 영향력만큼이나 중국은 인구, 경제규모, 영토, 모든 면에서 대적할 나라를 찾기 힘들다. 상대적 영향력과 절대적 규모가 동시에 큰 국가, 중국. 우리는 세계의 공장이자 식량기지로 발돋움하고 있는 중국에 대해 얼마나 알고 적절히 대비하고 있는가.

중국 농업은 경제 발전 속도만큼이나 빠르게 성장하고 있다. 시장 경쟁력을 좌우하는 가격과 품질에서 비교우위가 있는 데다 기업 중심의 생산계열화가 이루어져 경영 부분도 빠르게 변화하고 있다. 게다가 급물살을 탈 것으로 예측되는 한·중 자유무역협정(FTA)도 우리 농업에 작지 않은 부담이 될 것임은 자명해 보인다. 물론 소규모 생산, 비숙련노동, 낮은 생산성 등 아직 해결할 문제가 많다는 지적도 있지만 빠르게 세계 식탁을 점령해가는 것만큼은 분명해 보인다.

상황이 이러한데 현재 우리 농업의 대중 대응 조직은 어떠한가. 중국에는 1명의 농무관과 aT의 3개 지사(베이징, 상하이, 칭다오)가 정부의 대중 농업정책과 시장개척을 뒷받침하고 있을 뿐이다. 이 정도의 조직으로 14억 인구와 959만㎢의 거대 대륙을 상대로 마케팅을 전개한다는 것은 매우 벅차 보이는 것이 사실이다.

이를 추진하기 위한 주요 지역별 포스트 확보는 필수불가결한 요소이다.

어떤 면에서 중국은 우리와 '순망치한(脣亡齒寒)'의 관계이다. 우리는 중국에서 불어오는 황사 바람을 마시고 살 수밖에 없고, 중국 농업의 발전이 위협으로 다가오기도 하지만 우리에겐 피할 수 없는 현실임을 알아야 할 것이다.

하지만 유불리(有不利)와 호불호(好不好), 이 모든 것에 우선하는 사실이 하나 있다. 그것은 우리 농업을 지키고 발전시키기 위해서는 중국과 중국 농업에 대해 깊이 있는 이해가 필요하고, 이를 위한 관심과 투자가 절실하다는 점이다.

7

변화하고 있는
중국의 농식품 유통구조

"

    전 세계 식품시장에서 점유율 1위 국가인 중국의 국토면적은 한반도의 약 44배에 달한다. 그러다 보니 물리적으로 물자유통이 쉽지 않은 지역이 많으며, 자연히 유통 관련법과 제도도 아직은 미흡한 부분이 있어 보인다. 보이는 유통 장벽과 보이지 않는 유통 장벽이 모두 존재하는 곳이 바로 중국인 것이다. 중국 식품소비의 특성과 흐름 그리고 중국 내 유통구조의 변화를 알면, 농식품 중 어떤 품목을 어떻게 유통시켜야 효과적일지 판단하는 데 도움이 될 것이다.

경제 발전 따라
육류·유제품 소비 늘어나

–

중산층 증가 및 내륙지역 소득 증대 등으로 중국의 식품시장 규모는 점점 더 커질 전망이다. 특히 중국에서 외식산업은 중장기 10대 유망 산업으로 선정되는 등 중요성이 점차 커지고 있다.

또한 중국 소비자들의 식습관이 점차 서구화되면서 과거 곡물 위주의 소비에서 점차 육류 · 유제품 소비가 증가하는 구조로 변화하고 있다고 한다.

중국내 외식 산업이 발전하면서 외식 관련 식품에 대한 관심과 수요도 늘고 있다. 도시 소비자들은 고품질 건강식품과 편의식품에 관심이 높다. 제품군으로 보면 유제품과 대두제품 · 건강음료 · 보건식품 · 육류 가공식품 등이다.

중국의 도시 식품시장에서는 특정 소비층을 겨냥해서 만들어지는 맞춤제품을 선호하는 경향이 있다. 모든 연령층, 여러 가지 판매망을 통해 수출하는 것을 자제한다는 것이다. 음료를 예로 든다면, 20~30대 여성을 대상으로 한 천연 원료의 다이어트 음료 등으로 맞춤 시장을 정한 다음 여기에 맞춰 포장, 마케팅을 해야 효과적이라는 것이다.

비슷한 듯 다른
중국의 유통채널

—

중국 유통시장의 공통적인 특징도 파악할 필요가 있다. 중국은 유통형태 중 재래시장의 비중이 높은 편이다.

우리나라에서 상품을 수출하면 주로 대형유통사를 통해 상품을 판매하게 되는데, 한국기업들은 대형유통사 중에서도 주로 백화점이나 대형마트 체인과 거래하는 경우가 많다. 그러나 중국은 우리와 다르다. 국내 유통방식을 중국 현지에 그대로 적용하면 안 된다.

우리나라는 롯데 · 현대 · 신세계라는 소위 빅 3가 백화점 · 대형마트 시장의 70% 가까이를 차지하고 있기 때문에 주요 백화점 · 대형마트 바이어와 연결하면 유통망 확보와 관리가 가능하다. 하지만 중국은 23개 각 성별로 주요 유통업체가 다르다. 어느 곳을 주 수출지역으로 할 것이냐에 따라서 유통채널이 크게 달라질 수 있고, 공략지역마다 각기 다른 수출업체에 연결시켜야 할 수도 있다.

또한 국토가 넓어 원거리 유통이 쉽지 않기 때문에, 유통단계가 많고 이는 제품 비용에 반영되므로, 수출할 때 유통방식까지 신중하게 결정해야 할 것이다. 물론 현지 유통은 바이어가 결정할 일이지만 수출자의 입장에서도 현지 사정을 소상히 알고 접근할 필요가 있다는 것이다.

우리의 도·소매상과 비슷한
대리상과 경소상

–

중국 유통에서 특징적인 것 중 하나는 유통 대리상이다. 중국의 유통 대리상은 크게 대리상(代理商)과 경소상(经销商)으로 구분된다. 대리상은 성(省)아래 현(縣)단위까지 각각 지역별로 구성되어 있다. 중간 판매상인 경소상도 성급 · 현급으로 나뉘어져 있고 같은 경소상끼리 경쟁하는 구조다. 경소상은 최종 소비자에게 제품을 직접 판매할 수도 있지만, 일반적으로 대리상은 경소상을 거쳐야 소비자에게 판매할 수 있다.

이런 특성에 따라 상품이 중국 시장에 유통되는 과정은 '제조사→경소상→소비자' 순의 3단계나 '제조사→총대리상→경소상→소비자' 순의 4단계로 이루어진다. 총대리상의 단계를 생략하고 경소상을 통해 납품하면 물류비나 재고비 등을 줄일 수 있다.

물론 유통 진입장벽도 있다. 한국 농식품은 중국으로 들어가면서 0~35%의 관세가 붙고 여기에 증치세와 물류비용 등이 더해지면서 고가 제품으로 탈바꿈한다. 이러한 유통구조상의 원가 부담 때문에 가격경쟁력을 확보하기 위해 한국식품은 '저가신고' 등 비정상적인 방법으로 거래되는 경우도 있다.

이 부분은 한·중 FTA가 본격 발효되면서 상당부분 해소될 전망이다.

추가 비용이 만만찮은
중국의 대형유통점들

－

국내도 마찬가지지만, 백화점이나 대형마트 입점은 여간 까다로운 게 아니다. 중국 백화점의 경우에는 '공관비'라는 것도 내야 하는데, 공관비는 백화점 입점을 위해 필요한 각종 비용(입점비, 행사비, 판매 장려비, 매장 인테리어 등)을 합쳐 부르는 말이다. 중국의 2급 이상 도시 주요 백화점들이 요구한다고 알려져 있으며, 공관비라는 것을 들어보지 못한 한국 업체들 입장에서는 이해가 가지 않는 부분이기도 하다.

더욱이 최근 들어 아울렛·온라인 쇼핑몰 등이 속속 등장하면서, 백화점이 경쟁력을 높이기 위해 지나친 세일이나 잦은 매장 리뉴얼을 요구하고 있다고 한다.

입점업체의 비용부담이 커질 수밖에 없다. 판매사원 인건비도 부담스러운 부분인데, 중국에서는 백화점 판매사원 인건비가 매년 두 자리 수 이상 상승하고 5대 보험도 의무화되고 있기 때문이다. 설상가상으로 한국어를 할 줄 아는 현지 영업 직원을 구하는 것이 어렵다고 한다. 적합한 직원을 구해도 이직이 잦아 중국에 진출한 업체들이 어려움을 호소하고 있다.

대형마트 입점의 경우, 바이어 상담 및 디자인 수정, 포장 수정, 매뉴얼 수정을 거쳐야 한다. 가격과 수량을 협상한 뒤, 납품시기를 조율해 물류·통관도 해야 한다. 제품을 실제로 판매하기까지 많은 절차와 시간이 들어간다. 현지 직원 교육이 쉽지 않고, 시장조사에도 한계를 느낀다고 말한다.

이처럼 우리나라와는 닮은 듯 다른 중국의 유통구조를 최대한 파악하고 수출해야 실수가 없을 것이다.

▼ 대만계 대형유통점 따룬파(RT마트) 전경

식품 유통에도
전자상거래 비중 늘고 있어

–

중국의 유통시장이 대형유통망인 백화점·대형할인점 등 오프라인 시장에서 온라인 시장으로 유통의 중심축이 이동하고 있다.

식품유통에서도 성장세가 가장 두드러지는 것은 단연 전자상거래다. 따라서 중국 내 한국식품 판매에 있어서도 대형마트 등 오프라인 유통만 생각할 것이 아니라, 앞으로는 온라인 시장까지 대비해야 한다. 즉, O2O(On line to Off line)진출 전략이 필요하다는 것이다.

중국의 온라인 시장이 급성장을 거듭하면서, 식품의 온라인 유통비중도 해마다 늘고 있다고 한다.

aT 자료에 따르면 중국식품 전자상거래 시장 점유율은 2010년 0.08%에서 2015년 1.78%로 늘어났고, 중국 정부도 농식품 전자상거래를 정책적으로 지원하고 있다고 한다. 현재 식품 전자상거래 주요기업은 텐마오, 징둥, 워마이왕 등이다. 중국의 전자상거래 시장도 발전 속도가 매우 빠르며, 특히 식품 시장의 경우는 아직 초기단계로 경쟁이 매우 치열해지는 상황이다.

최근에는 전자상거래 기업들이 스마트폰에서 직접 쇼핑할 수 있는 자체 어플리케이션을 개발하는 등 적극적으로 나서고 있다. 웨이신, 즈푸바오, 애플페이 등 다양한 종류의 모바일 결제 방식을 도입하는 경향이다. 이는 중국 소비자들의 전자상거래가 나날이 쉽고 편해진다는 뜻으로, 온라인유통이 오프라인 유통을 밀어내는 속도가 한층 빨라질 것으로 예상된다.

농식품 수출업체가 중국의 B2C 사이트에 입점해 상품을 판매하는 것이 쉬운 일은 아니지만, 그럼에도 불구하고 중국의 식품 전자상거래 증가는 거스를 수 없는 대세이다. 특히 중국 중서부 내륙지역의 경제성장에 따라 한국 기업과 한국식품의 진출지역도 그만큼 넓어졌다고 볼 수 있는데, 이들 지역에서도 예외 없이 온라인 유통시장이 넓어지고 있는 추세다.

이에 따라 앞으로 식품 수출전략을 마련할 때는 반드시 중국 온라인 시장에 대한 전략이 있어야 할 것이다.

온라인 전자상거래에 대해서는 국가적인 차원에서도 다양한 지원사업이 시행되고 있으며, 이와 관련해 다음 장에서 덧붙여 추가 설명하기로 한다.

한국 식품
중국 온라인 유통전략 꼭 필요

–

온라인 식품유통에 있어 가장 중요한 것은 배송 시스템과 보관 서비스 등이다. 이중 콜드체인 시스템(냉장유통 시스템)은 중국 기업과의 협력이 필요한 부분이다. 중국 내에서 이동거리가 멀고 식품 중에는 냉장유통이 꼭 필요한 제품이 대부분이기 때문이다.

aT도 칭다오에 대규모 냉장·냉동 물류창고를 건설하여 콜드체인 시스템을 구축하고 한국식품의 중국내 유통을 적극적으로 지원하고 있다. 그러나 칭다오 지역을 중심으로 한국식품을 취급하는 업체들에게만 활용도가 높을 뿐이어서 상하이·베이징·광저우 같은 1선 도시로의 추가

설치 운영이 필요해 보인다.

또한 중국 온라인 시장은 소비자들의 나이·계층에 따라 한국산 식품 소비가 다르다는 점에 주목해야 한다. 각 소비층에 따른 시장분석을 한 다음, 이중 온라인 유통과 연결하기 적합한 상품을 찾으면 될 것이다. 특히 식품에서는 냉장유통이냐, 냉동유통이냐, 상온유통이냐에 따라 진출 가능한 시장이 달라진다.

우리나라보다 국토 면적이 크게 넓은 나라이기 때문에 같은 아이템으로 제품을 생산하더라도 유통기간이 긴 방식의 제품으로 만드는 것이 중국수출에는 유리할 것이다. 또한 외식문화가 발달한 중국의 요즘 식문화를 고려해 같은 재료와 조리방식이라도 간편식 제품으로 전환하는 등 시장 맞춤형으로 만드는 방법도 고려할 만 하다.

▼ 중국 칭다오에 소재한 aT물류센타 개관식 장면

중국 유통시장 변화에
발 빠르게 대처하자

—

외식상품과 전자상거래 시장이 커지는 중국의 식품소비 및 유통변화는 우리 농식품 수출에 있어 유리한 점이라고 판단된다.

우선 한국과 중국이 지리적으로 가까워 상품가격에 영향을 주는 물류비를 줄일 수 있고, 중국인들이 자국식품에 대해 갖고 있는 불안감에 대응한 안전·안심 경향에 맞춘 제품이 이미 개발돼 있다. 또한 국내 온라인 유통에 익숙한 한국업체들은 중국의 온라인 시장에서도 유리한 입장에 서게 된다.

물론 중국 내에서 식품을 포함한 제조분야의 생산성과 기술이 빠르게 발전하고 있지만, 원료의 안전성과 기술·시설·아이디어 등에서 우리나라와 비교할 때 아직은 격차가 있는 것으로 보인다.

가공식품에 대한 수요는 더욱 빠르게 늘고 있어서 식품가공 수준이 높고 원료 농산물의 종류가 중국과 비슷한 우리에게는 분명한 기회다.

중국의 유통구조와 규제가 자국기업을 보호하는 방향으로 변하고 있지만, 기본적으로는 개혁개방의 틀 안에서 움직이고 있다는 점도 우리 농식품 업체가 중국 진출하기에 유리한 부분이다.

또한 빠르게 성장하는 중국 경제와 안전식품을 선호하는 중국 내 식품 소비 분위기는 우리 농식품 업체에게 유리한 점이 많은 부분이다. 한국의 포장디자인 기술도 중국인들의 마음을 사로잡을 수 있는 능력이 다분한 분야이다. 중국 소비자들의 기호와 선호도를 잘 파악하여 한국적인 감각으로 포장과 디자인을 한다면 충분히 승산이 있다고 본다.

8

농식품도 온라인으로!
관련지원사업과 SNS를 활용하자

❝❝

현재 중국에서는 온라인 전자상거래 플랫폼뿐만 아니라, 오프라인 소규모 점포에서까지 한국제품 전문코너를 쉽게 찾을 수 있을 만큼 한국제품들의 인기가 높다. 이렇게 한국제품 수요가 많아지면서 수출 상품의 형태와 판로도 급변하고 있다.

과거에는 한국에서 판매되는 상품을 그대로 수출하는 형태가 일반적이었던 데 비해, 근래에는 포장재를 중국용으로 따로 제작하는 경우가 많아졌다. 뿐만 아니라 중국 바이어가 소유한 브랜드로 제품을 수출하는 OEM 형태나 중국 소비자의 기호에 맞춰 새로 개발한 제품 등 다양한 형태의 상품이 수출되고 있다.

홍보마케팅에 있어서도 필자가 중국에서 근무하던 때에는 오프라인 시장을 대상으로한 홍보마케팅이 주를 이루었지만, 이제는 SNS(사회관계망서비스)를 이용한 모바일과 온라인 시장이 한국식품 마케팅의 중심이 되어 가고 있다.

이런 온라인 식품시장을 얼마나 효과적으로 공략하는지가 대중국 수출 확대의 핵심이라고 해도 과언이 아닐 것이다.

전자상거래의 중요성을 나타내는 상징적인 기사인 것 같아 인용해 본다.

월마트가 중국 알리바바에 이어 2대 온라인쇼핑몰인 징동(JD.com)의 보유 지분을 5.9%에서 10.8%로 늘리며 중국 전자상거래 사업에 더 큰 베팅을 했다. 월마트는 앞으로 5년 내 전 세계 소비 증가액의 25%가 중국에서 나온다고 판단, 전자상거래 사업 확대를 위해 징동 지분을 늘린 것으로 보인다. 수 억달러가 소요될 이 지분 확대는 월마트와 징동 이사회 승인을 끝냈고, 2016년말 전에 완료될 예정이라고 한다. 월마트 관계자는 "징동 지분을 늘리는 것은 월마트 미래 사업 계획의 일부분으로 우리는 이번 투자로 중국 전자상거래 시장에서 더 빠른 사업 전개가 가능해질 것"이라고 밝혔다.

(머니투데이 2016. 10. 09 참조)

한국 정부도
한국식품 온라인 홍보에 적극나서

–

농식품부와 aT도 중국의 온라인 시장 중요성에 대해 공감하고 있는 것으로 보인다. 한국식품의 중국 온라인 시장 판로 개척을 위해 다방면으로 지원 사업을 진행하고 있기 때문이다.

중국의 주요 온라인 쇼핑몰에 '한국 농식품 판매관'을 개설하고, 한류

스타 등을 활용한 온라인 판촉활동을 활발히 펼치고 있다. 중국의 유명 온라인 쇼핑몰인 '1호점'에서는 2014년 4월 탤런트 김우빈의 팬 사인회를 통해 약 한 달간 10억 원 이상의 매출을 올렸고, 2014년 10월에는 알리바바 최초 한국식품 전용관이 문을 열기도 했다.

중국 최대의 전자제품 유통업체인 쑤닝(苏宁)에서 운영하는 온라인 쇼핑몰(쑤닝꼬우)에 한국식품관을 개설하고, 중국 최대 B2C 사이트인 티몰(Tmall)에 국가관으로는 최초로 한국관을 개소해 현재 입점브랜드가 200여곳 가까이 되는 것으로 알려져 있다.

입점브랜드 중에는 국제제과(스낵), 삼진식품(스낵), 설록(음료), 그린너트(견과류), 광천李(김), 경천식품(김) 등의 식품기업도 여럿 포함되어 있다. 최근에는 유아 요거트, 기능성 음료, 차, 아몬드, 호두, 스낵 김, 김치, 맛 김 등이 입점됐다고 하니, 중국시장으로 가는 한국 농식품은 앞으로도 계속해서 늘어날 것으로 기대된다.

▼ 1호점 한국식품관 판촉행사 화면. aT제공

▲ 2016년 11월 개통된 실시간 신규품목 정보교류 모바일앱 '한신식품' 관련기사

이외에도 중국에서 급성장하고 있는 모바일 시장을 공략하기 위해, 6억 명 가량 사용하는 것으로 추산되는 중국판 카카오톡 '웨이신(위챗)' 등 모바일 SNS를 활용하여 한국식품 홍보 및 판매 채널을 적극적으로 구축하고 있는 것으로 알려졌다.

최근에는 국내 중소 농식품 수출업체의 신규상품 대중국 시장개척 지원을 위한 바이어매칭 모바일웹 "한신식품(韓新食品)"을 개통하고 B2B 마케팅 지원 사업을 강화하고 있다고 한다. '한국의 신규식품'을 의미하는 이 웹은 스마트폰으로 다운로드가 가능하며 태블릿 PC와 스마트폰 인터넷 주소창에 홈페이지 주소(hanshi.at.or.kr)를 입력하면 접속할 수 있다.

신규상품 접수는 온라인(global.at.or.kr)을 통해 연중으로 받고 있으며, 웹페이지와 상품정보 등 내용 전체를 중문으로 구성하고 실시간 채팅 및 푸시기능을 탑재해 중국 바이어와 수출업체가 실시간으로 문의와 답

변을 주고 받을 수 있게 되어 있는데 여기에 필요한 번역, 플랫폼 사용료 등은 전액 aT에서 지원하고 있다.

중소 식품업체 위한
온라인 홍보지원 교육도

—

전 세계 오프라인 교역규모는 세계적 경기둔화로 감소하고 있는 반면, 온라인 교역규모는 글로벌 결제수단 등장과 물류시스템 진화로 급성장하고 있다. 중국도 물론 예외일 리 없다.

중국에 식품을 수출하려는 업체들 중에는 중소규모 업체의 비중이 큰데, 중소기업이 중국시장에 무작정 덤비기란 현실적으로 막막할 수 밖에 없다.

이와 관련해 2016년 7월 중소기업청이 '중소·중견기업 온라인 수출 활성화 방안'을 발표해 눈길을 끈다. 중소기업청은 온라인 판매 역량을 갖추고 제품 인지도를 확보한 기업을 대상으로 독자적 또는 컨소시엄형 온라인 쇼핑몰 구축·운영을 지원하고, 다양한 독립몰을 통합 연계하는 엄브렐러 플랫폼(가칭 Korea Selection)을 만들어 한류 마케팅과 연계해 한국제품의 홍보효과를 높일 계획이라고 한다.

전통시장을 방문했던 요우커들이 귀국 후에도 온라인을 통해 전통시장 특산품을 구매할 수 있는 특화 채널을 제공한다고 하니 농산물을 기반으로 한 지역특산 먹거리의 중국수출도 기대를 가져볼 만 하다.

여기에 중국의 모바일 쇼핑몰인 위챗(WeChat : 중국 최대 인터넷 기업인 텐센트가 서비스하는 모바일 메신저로서, 2011년 1월 웨이신이라는 이름으로 처음 출시되었으며, 글로벌 시장을 겨냥하기 위해 2012년 4월 위챗으로 개명함), 라자다, 징둥 등 중소기업 선호도가 높은 쇼핑몰을 추가할 계획이어서, 앞으로는 중소기업이 온라인상에서 중국에 상품을 판매할 수 있는 입점채널이 다양해 질 것으로 기대된다. 또 B2B 온라인 플랫폼인 알리바바와 협력체계를 갖춰 해외바이어 정보를 제공하고 바이어 매칭 상담회를 연다고 하니, 국내 업체가 중국의 온라인 시장에 활발히 진출할 수 있도록 지원하는 노력이 반갑기만 하다.

이외에도 중소기업청은 한류 콘텐츠를 역직구몰에서 활용할 수 있도록 하고 중국 웨이보(微博 : 중국판 트위터) 등에 한국제품을 소개하도록 유도하고, 위챗, 페이스북, 유튜브 등 중국에서 파급력 있는 SNS를 활용하는 마케팅도 지원한다고 밝히고 있다.

SNS 활용하면
중국 소비자와 즉각적인 소통 가능

–

국내 중소규모 식품업체들이 많이 활용하는 방법으로 바이럴 마케팅이 있다. 일명 '입소문 마케팅'이라고 할 수 있는데, 지인이나 식품관련 인지도가 있는 사람들을 활용해서 식품에 대한 평가와 장점 등을 온라인상에 노출시키는 것이다.

이처럼 중국 소비자에게 온라인을 통해 홍보하는 것은 국내에서도 얼마든지 가능하기에 중소 식품업체가 활용해 볼 만하다. 중국어로 제품에 대한 간략한 설명을 올리거나, 중국인들이 좋아하는 재료나 가공방법, 맛 등을 알리는 것으로도 중국 소비자의 관심을 불러 일으킬 수 있다.

한국을 방문하는 중국 관광객들이 새로운 한국 농식품을 자신의 블로그나 SNS 등에 올려 간접홍보 효과를 얻는 경우도 있다. 본격적인 상품수출로 연결하려면 서류나 절차를 갖춰야 하겠지만, 중국 소비자들의 반응을 확인하는 등 온라인 시장조사로서는 충분히 효과적인 방법일 것이다.

택배 서비스 발전으로 · 통신판매 재도약

—

필자가 2008년 상하이에서 한국산 신선우유 시장을 고정적으로 확보하기 위해 상하이 교민들을 대상으로 한국산 신선우유 배달 주문을 받은 적이 있었는데, 막상 한국에서 우유를 들여와 배달을 하려고 하니 배달이 안 돼 택배 판매를 할 수 없었던 기억이 있다.

나중에 알게 된 사실이지만 그 당시만 해도 중국에서는 택배 서비스가 없었던 것이다. 또한 아파트 등에는 입구부터 보안 시스템이 작동해 입주민 외에는 출입이 불가능했기에 대문 앞에 우유를 배달하는 것은 현실적으로 불가능한 일이었다.

또한 1부에서 우리나라 농식품 최초로 중국 홈쇼핑에 진출한 한국산 유자차가 당시 중국의 미성숙한 배송시스템 등 현실적 문제로 홈쇼핑 판매를 중단할 수밖에 없었던 2009년의 사례를 소개한 바 있다.

그로부터 몇 년의 시간이 흐른 요즘 홈쇼핑을 이용한 한국식품 판매는 조미김을 시작으로 다시금 주목받고 있는 듯하다.

지금은 중국에서도 홈쇼핑이나 온라인 유통 등 중국 내 상품 유통방식이 다양해지면서 택배 서비스가 본격적으로 시작되어 현재는 매우 폭넓은 시장으로 발전하고 있다.

홈쇼핑 업체들이 상품의 배송서비스 대상지역을 점차적으로 늘리고, 온라인 시장이 커지면서 중국 내 택배 서비스 수준도 높아져, 베이징·상하이 등 대도시의 택배 서비스는 우리나라 못지않은 수준이라고 한다.

대도시를 중심으로 우리나라와 같은 익일배송(상품주문 다음날 배달하는 방식)도 이뤄지고 있다. 물론 그 외에는 지역에 따라 택배 서비스 수준편차가 커서 평균적으로 보면 우리나라를 10으로 가정할 때 5정도쯤 되는 것 같다.

하지만 발전 가능성은 무궁무진하다고 본다. 넓은 대륙과 많은 인구는 삶의 질이 향상되면서 점점 택배 서비스가 필요한 환경으로 바뀌어가고 있으니 말이다.

최근에는 한국 정부가 주도하는 공영 홈쇼핑이 중국 글로벌 홈쇼핑(GHS)과 농축산물 및 중소기업 상품의 중국 수출과 관련한 MOU를 체결했다고 하니 무척 고무적인 일이다.

건조식품이나 곡류·견과류 등 유통기한에 제약이 없어 홈쇼핑 유통에 적합한 한국식품이 중국시장에 다양하게 진출하고 있으므로, 이들 품목과 연결하면 수출 성과로 이어질 수 있을 것이라는 생각이다.

9

중국의
보세구(保税区) 활용하기

"

   근래의 상품 유통방식에 있어서 세계적으로 가장 빠르게 발전하고 있
는 것은 전자상거래다. 세계 전자상거래 시장은 지난 10년간 급속도로
성장해 왔고, 앞으로도 지속적으로 성장할 것이라는 게 전문가들의 공
통된 견해이다. 그 중에서도 역직구(국경 간 전자상거래) 시장의 성장세
가 두드러지고 있다는 것이다. 따라서 여기서는 역직구 물류형태 중 하
나인, 중국의 '보세구'를 소개하고자 한다. 보세구는 중국 역직구 물류형
태 중 하나이므로, 전체적인 중국 역직구 물류를 먼저 설명한 다음 보세
구를 짚어보려 한다.

역직구 물류방식 직배송과 보세구
—
한국에서도 해외 온라인 쇼핑몰에서 상품을 직접 구매하는 해외직

구가 급증하고 있고, 한류 붐을 타고 외국에서 우리나라 상품을 온라인으로 쇼핑하는 '해외역직구' 또한 계속해서 증가하고 있다.

중국도 예외는 아니다. 각종 자료에 따르면 인터넷 사용이 보편화되고 소득이 증가함에 따라 해외직구가 급증하고 있는 것으로 나타나고 있다. 특히 한 · 중 FTA 협상이 타결되고 중국 내 한류열풍이 불면서 중국인들이 우리나라 상품을 구입하는 역직구 시장이 확대되는 추세다.

우리 정부에서도 수출 활성화 대책의 일환으로 대 중국 역직구 활성화를 강조하는 상황이다. 이처럼 커지고 있는 역직구 시장을 잘 활용하면 큰 도움이 되므로 중국의 역직구 물류에 대해서 관심을 가져 보는 것도 괜찮을 듯하다.

현재 우리나라에서 중국으로 수출되는 온라인 상품의 역직구 물류는 '직배송 모델', '집화 직배송 모델', '보세구 모델' 3가지로 구분할 수 있다.

직배송 모델

–

직배송 모델은 중국 소비자가 한국의 온라인 쇼핑몰이나 중국의 국제 온라인 쇼핑몰에서 상품을 구매, 결제한 후 판매상이 EMS 및 국제특송으로 개별 발송하는 모델이다. 상품에 대한 신뢰가 확실하고 판매자 입장에서 재고가 없다는 장점이 있다.

중국으로 수입될 때 EMS 및 특송사의 전용 통관 창구를 통해 간이통

관이 진행된다. 그러므로 상품검사로 인한 물품 압류나 과세의 위험이
낮은 반면, 물류비가 상대적으로 비싸다는 단점이 있다.

집화 직배송 모델

—

중국 소비자가 상품을 주문하면 판매상이 한국 내 화물창고에 상품을
보관했다가 일괄 배송하는 형식이다. 최대 장점은 물류비 감축이다. 상
품을 일정량 이상 집화 후 배송하기 때문에 물류비가 '직배송 모델' 보다
저렴하며, 물류센터에서 묶음배송 등의 부가서비스를 제공할 수 있다.
하지만 유통기한에 얽매일 수밖에 없는 식품의 경우 일정량을 집화 후
발송을 해야 하기 때문에 신중히 접근해야 할 필요가 있다.

보세구 모델

—

보세구 모델은 현재 중국정부로부터 승인 받은 중국 국제전자상거래
수입시범 도시에서만 유통·판매가 허용되는 물류형태이다. 판매상이
미리 인기 있는 상품들을 구매해 지정된 보세창고에 보관했다가 중국
소비자가 주문하면 그때 상품을 보내는 방식이다.

전자상거래 기업이 수요를 예측하여, 해외에서 미리 대량의 상품을
구매한 후 중국내 지정된 보세창고에서 보관한다. 이후 중국 소비자가
온라인으로 상품을 주문할 때마다 통관·반출 절차를 거쳐 배송한다.

전자상거래 상품을
선 입고, 후 발송하는 '보세구'

－

보세구 모델의 물류가 가능한 지역은 2016년 1월 중국 정부가 승인한 수입시범도시인 다롄, 톈진, 정저우, 칭다오, 허페이, 수저우, 상하이, 항저우, 닝보, 광저우, 선전, 청두, 충칭 등과 2015년 3월 선정한 시험도시 푸저우, 핑탄까지 포함해 현재 모두 15곳이다.

먼저 언급한 직배송, 집화직배송 모델이 '선 주문, 후 발송' 형태라면 보세구 모델은 '선 입고, 후 발송'이라는 점에서 큰 차이를 보인다. 중국 소비자가 상품을 주문하면 중국 내 보세창고에서 중국 소비자에게로 직접 배송되기 때문에 배송시간이 상대적으로 짧으며, 상품의 집화 발송에 따른 물류비가 절감된다. 반면 물품을 창고에 보관해야 하는 판매상 입

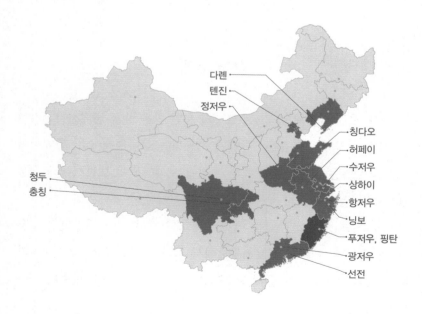

보세구 활용 방식과 직배송 방식 절차도

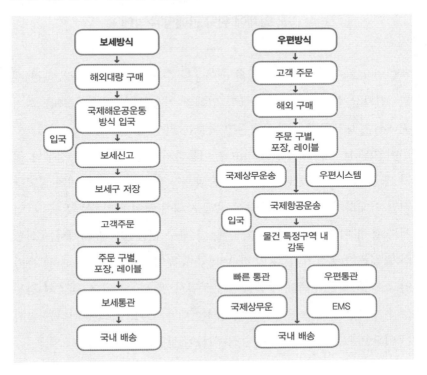

장에서는 창고 회전율을 높이기 위해서라도 소비자에게 인기가 높은 상품만 선호할 수밖에 없다. 또 식품 등 유통기한이 짧은 상품을 전량 판매하지 못할 경우 손해를 입을 수도 있다. 그렇기 때문에 아무래도 소비자 입장에서는 구매 물품의 종류가 제한적일 수밖에 없다.

현재 중국 정부가 전자상거래 '수입시범' 도시를 확대하고 있고, 직배송보다 물류비가 저렴하기 때문에 향후 보세구 모델이 대 중국 역직구 물류의 중요한 형태로 자리잡을 것으로 판단된다.

보세구에 등록된
중국 업체에 위탁 판매할 수밖에

–

다만 보세구는 아무나 입점하고 이용할 수 있는 것이 아니라, 해관(세관) 전자상거래 플랫폼에 등록된 업체만 이용할 수 있다. 등록을 하기 위해서는 보세구역 내에 물류창고 확보는 필수라고 한다.

이처럼 보세구 내에 보세창고를 이용하기 위해서는 중국 정부의 허가, 등록이 필요한 만큼, 한국의 수출업체가 중국의 보세구 내에 창고를 직접 임대하기는 어렵다. 따라서 보세구 내에 영업 허가를 받은 중국 업체를 통해 위탁판매를 하게 되는데, 이 경우 대금결제에 대해서는 신중하게 접근할 필요가 있다. 또한 보세구 등록업체들은 대부분 자체 온라인 쇼핑몰 등을 구축해 상품을 홍보하면서 판매하고 있다. 식품의 경우는 유통기한의 제약과 경우에 따라서는 위생허가를 득해야 한다는 단점이 있으므로 보세구 활용여부는 유의하여 결정하여야 한다.

바뀐 규정 따라
보세구 상품도 관세·증치세 내야

–

중국 재정부가 2016년 3월 24일 발표한 B2C 상품에 대한 세수정책에 따르면, 해외직구 수입상품에 대해서도 일반 수입화물처럼 관세와 증치세(부가가치세) 및 소비세를 부과하게 돼있다. 따라서 해외직구 상품 구매자가 납세 의무자가 된다.

이 때 실제교역가격(상품소매가격+운송료+보험료)을 과세가격으로 책정하며 전사상거래 업체나 전자상거래 플랫폼 운영업체 또는 물류업체가 수입세금 수취 및 납부를 대행할 수도 있다. 이런 세수정책 범위 내에서 적용을 받으려면 해관과 전산망이 연결된 전자상거래 플랫폼에서 교역이 이뤄지고, 교역명세서/대금지불증빙/ 물류배송증명 등 3가지 전자서류 발급이 가능한 해외직구 수입상품이어야 한다.

만약 해관과 전산망이 연결되지 않은 플랫폼에서 교역이 이뤄졌을 경우에는 특송 · 우편물 배달업체가 위의 3가지 전자서류를 일괄 제공할수 있다면 상관없다. 이 때 화장품 · 보건식품 · 영유아식품 등은 반드시위생허가를 받아야 하고, 일반식품은 위생허가가 의무는 아니지만 라벨심사기준을 충족시켜야 한다. 또한 1회당 교역한도는 2,000위안이며, 1인당 연간 20,000위안을 초과하여 구매하지 못하도록 제한하고 있다. 이런 구매한도 내에서 구매하는 물품에 대해서는 관세가 면제되며, 증치세및 소비세는 법정세액의 70%가 부과 된다.

대금 결제방식
보세구 업체마다 다를 수 있어

—

이러한 보세구 모델은 상품을 보세구 내 보세창고에 보관하다가 전자상거래를 통해 구매가 들어오면 해관 전산망을 통해 신고과정을 거친뒤 소비자에게 배송되는 구조다.

이는 해관에서 원하는 정보를 업체가 제공해야 한다는 의미로, 수입과 매출규모가 정확히 드러나기 때문에 세금 등의 문제로 보세구 활용을 꺼리는 업체도 있을 수 있다. 또한 보세구를 통한 상품물류에 있어서 대금결제는 보세창구를 운영하는 업체의 자체 규정에 따라야 하는 상황이다.

기관에서 대금결제 부분을 관리 감독하거나, 칭다오처럼 자체 보세구 운영회를 갖추고 있는 경우에는 대금을 떼일 염려가 없다. 그러나 민간에 위탁하는 경우에는 위험에 처해질 가능성도 있다.

더욱이 개정된 전자상거래를 이용한 해외직구(국경간 전자상거래) 규정에 따르면, 보세구를 통한 B2C 수출의 경우도 일반무역과 같이 통관서류 제출의무가 새로 부과되었다. 이에 따라 중국 내 보세구를 통한 B2C 수입절차가 복잡해져 통관 시 상당한 시간과 비용이 필요하게 될 가능성이 높아졌다. 따라서 일반무역에 준해서 통관서류 등을 철저하게 준비해야 한다.

한국식품
유통기한 제약 덜한 보세구 활용할 만

—

중국 정부의 지원 아래 국경 간 전자상거래가 급성장하고 있다.

중국은 보세구 이용에 대한 관련 규정을 강화하면서 또 한편으로는 보세구 설치지역을 꾸준히 늘려가고 있는데다가, 2015년 12월 20일 발효된 한·중FTA 협정서에도 전자상거래가 포함되어 있기 때문에 앞으로도 이 분야의 발전이 지속될 것으로 전망된다.

따라서 한국식품 입장에서도 간과해서는 안 될 시장이다.

우리와 비슷한 듯 다른 식습관과 문화를 지닌 중국 시장에서 소비자와 B2C 형태로 전자상거래를 통해 상품을 판매하려면, 소비자의 니즈에 발 빠르게 대응할 필요가 있다. 하지만 국내에서 생산·홍보·판매하는 국경 간 전자상거래로는 정보수집과 즉각적인 대처가 쉽지 않다. 이런 상황에서 국내업체가 보세구를 통해 농식품을 수출한다면, 중국의 식품시장 정보와 유통망을 국내에서 활용하는 방법이 될 것이다.

다만, 최근 관련 규정이 강화됐으므로 통관이 특히 까다로운 농식품에 있어서 서류와 절차를 꼼꼼히 챙겨야 할 것이다.

아울러 보세구 내 업체들이 꺼리는 식품의 유통기한 한계를 극복하는 것 또한 우리가 해결해야 할 과제라는 생각이다.

Tip

중국 정부는 해외직구 상품에 적용해 오던 '행우세' 제도를 대폭 상향 조정하는 것으로 개정해 2016년 4월 8일부터 전격 시행하고 있다. 이는 2015년 중국 소비자의 국제전자상거래 규모가 5조 위안을 돌파해, 수출입에서 차지하는 비중이 17.6%로 늘면서 세수확보를 위해 시행하는 것으로 알려졌다. 개정제도에 해당하는 품목은 코트라 홈페이지 등을 통해 확인할 수 있다.

● **해외직구 상품 구매한도 상향조정**
  – 1회 관세면제 한도 2,000위안(기존 1,000위안), 1년 면세 한도는 2만 위안
  – 한도 내에서는 증치세와 소비세를 각각 30% 감면하고 상품 관세는 0%로 설정

● **50위안 미만세액 기준에 적용되던 행우세 면제 혜택 폐지**
  – 행우세(行郵稅)는 개인 수화물과 우편물에 대해 중국 해관이 징수하는 수입세(일종의 우편세).

10

농식품 수출시
중국의 비관세 장벽 사례

　국가간 무역장벽으로 작용하는 관세율을 철폐하여 무역을 활성화하기 위한 국제협정 중 하나가 자유무역협정(FTA)이다. FTA를 체결한 국가들은 짧게는 몇 년, 길어도 20년 내에 대부분 품목에서 관세를 철폐하게 된다. 물론 FTA를 체결해도 관세를 낮추거나 철폐하지 않는 품목을 결정해 '양허제외 품목'으로 분류하기도 한다.

　한·중 FTA에서 우리나라는 대부분의 신선농산물을 양허제외품목으로 정해, 중국산 신선농산물이 들어올 때 높은 관세를 부과하는 방법으로 국내 농가들을 보호하기로 협정을 맺었다.

　그런데 관세 이외의 방법으로 국산품과 외국상품을 차별해 수입을 억제할 수도 있다. 이것이 바로 비관세(非關稅) 장벽이다.

　비관세 장벽은 문자 그대로 관세를 제외한 모든 무역관련 장벽을 말한다. 과거 비관세 장벽은 주로 수입금지, 수량규제 등 무역을 직접적으로 제한하는 방식 위주였다. 그러나 점차 보건위생규정이나 내국세 제도,

각종 기술적인 규제 등 간접적인 방식으로까지 확대되고 있다. 비관세 장벽으로 우리 농식품이 중국수출에 난항을 겪은 사례를 나열해 본다.

신선우유

중국은 2014년 5월 해외 유제품 생산업체 등록제를 시행하면서, 신선우유에 대해 검역 허가증 의무화 방안을 발표했다. 이듬해인 2015년 1월에는 국가품질감독검험검역총국이 수출입 유제품 관리 방법의 수정 사항을 발표했는데, 저온살균 조제 우유도 검역허가증이 있어야 한다는 내용이었다. 불과 1년 사이에 두 차례나 비관세 장벽을 높인 것이다.

그전까지 유제품 관리 방안은 생유·생유제품·저온살균을 거친 우유로 구성되어 있었다. 하지만 개정안이 발표되면서 저온살균과정을 거친 조제우유가 여기에 포함됐고, 기본 검사항목인 단백질·지방·산도관련 시험 항목 외 4대 중금속(납·수은·비소·크롬)시험 항목이 추가됐다.

표면적으로는 자국 국민들에게 안전한 우유를 마시도록 하겠다는 것이었지만, 그 속내를 들여다보면 '멜라민 파동' 이후 유제품 수입이 증가함에 따라 위축된 자국의 유업계를 보호하기 위한 목적이었다고 생각된다.

식품전반 비관세 장벽 사례

- **통관 지연으로 상품성 하락**
  - ▶ 통관 과정에서 상검국(중국 상품 검역국·CIQ)이 샘플을 채취 후 상품을 수입자 지정창고에서 대기시키거나 상검국 지정창고에서 대기시키게 되는데,

이 과정에서 상검국 지정창고에 대기시킬 경우 다른 창고보다 비용 부담이 많고 상품 이동이 자유롭지 못함

▶ 대 중국 농수산식품 수출시 통관(위생증 수령 포함)까지 많은 시간이 소요되고 있어, 유통기한이 생명인 농식품의 특성상 통관에 소요되는 시간이 길면 길수록 상품의 가치가 낮아짐. 신속한 통관을 위하여 수입업체나 제품별로 일정 기간 동안 검역 등에 문제가 발생하지 않은 제품에 대해서는 사전 등록 등을 통하여 신속한 통관이 될 수 있도록 제도 마련이 필요함

  – 항구별로 상이하나 대부분 1개월 가량의 시간이 소요됨

  – 첫 수출 제품의 경우 2개월 이상의 시간이 소요되는 경우도 있음

  – 대부분의 대형유통매장에서는 제품 유통기한 중 절반 이하의 기한이 남은 제품에 대해서는 납품을 받지 않음

● **갑작스런 라벨링 규정 변경**

  ▶ 라벨링 심사를 통과한 이후 정상 수입절차가 진행되고 있는 제품에 대해 갑작스러운 라벨링 규정 변경 통보

    – 라벨링 규정 변경이 심한 경우는 1년에 3~4회

    – 병·캔 등에 인쇄하는 방식은 기존 포장재 폐기 및 신규 포장재 준비 등으로 업체 입장에서는 큰 손실

  ▶ 라벨링 표기사항에 대한 제한

    – '한국판매 1위' '신선한 식품' '더 맛있는' 등 일부 표기사항에 대해서는 명확한 근거자료 요청

    ※ 한국측 매출근거 자료를 제출할 경우 인정하지 않는 경우가 많음

▶ 한국산 소주 통관 시 위험물이라고 판정하여 위험물이 아님을 증명하라는 요구에 따라 MSDS(Material Safety Data Sheet, 물질안전보건자료)를 제출하고 증류주로 통관한 사례가 있었음

▶ 과자류 등 특정 제품의 경우 기술공정도를 요구하여 45일 만에 통관시키는 사례도 있음

▶ 제품의 함량 성분이 중국측의 관련 지침에 적힌 순서대로 신고서에 기재되어야 함. 지침에 나열된 순서대로 기재하지 않을 경우 통관시키지 않는 사례도 있음

▶ 소주·맥주 음주 경고 문구
  – (기존) 임산부 및 아동은 음주금지
  – (변경) 기존 내용에다 '과도한 음주는 몸에 해롭다'라는 내용을 반드시 포함

▶ **소주·맥주 라벨링 알콜도수표기**
  ※ 통상 주류의 경우 4% VOL 형식으로 도수를 표기(상하이) VOL 대문자 표기 요구 / (충칭) vol 소문자 표기 요구
  ※ 현재는 대부분 지역이 소문자를 요구하나 잦은 변경으로 비용발생 등 애로

▶ 제품명에 'FRESH', 'COOL' 등을 표기할 경우 왜 신선한지, 왜 시원한지를 증명하라고 함
  ※ 설명할 수 있는 객관적 자료 확보가 어려워 대부분 비용을 들여 표기사항 변경

● **수입 신고 가격을 해관에서 지정**
  ▶ 저가 신고 방지를 위해 신고 가격을 높게 강요하는 행위

– 한국산 토마토 케첩을 0.6$/1kg로 신고하였으나(미국산 0.5$/1kg신고) 해
관측은 1.7$/1kg에 신고할 것을 강요하여 1개월 넘게 통관이 묶여 있는 경
우도 있으며, 이로 인해 신고 가격이 높을 경우 관세 등 세금부담 증가 및
판매가가 높아져 시장 내 가격 경쟁력 상실

조미김

▶ 중국으로 수출되는 해조류(조미김) 제품은 중국 정부가 규정하고 있는 미생물
지표에 부합되어야 함

〈 중국 해조류 위생기준 〉

항 목		지 표
세균총수/(cfu/g)	≤	30000
대장균군/(MPN/100g)	≤	30
곰팡이균/(cfu/g) 조류건조제품	≤	300
병원균(살모넬라균,장염비브리오균,황색포도상구균,시겔라균)	≤	불검출

⇒ 중국 정부에서 기준으로 삼는 김의 균락총수 위생기준은 한국에는 없지만 이
로 인한 식품안전 문제발생 사례가 없는 만큼 위생기준 완화 필요

▶ 중금속 기준치 설정 운용으로 조미김 소각처분 및 반송사례 다수(비관세 장벽
이라고는 할 수 없으나 한국에는 없는 중금속 기준 운용)

납(Pb)/(mg/kg)	≤	1.0
무기비소(As)	≤	1.5
메틸수은(신선할때(건조전)의 중량으로 계산) CH3Hg (Methyl mercury)/(mg/kg)	≤	0.5

심비디움

▶ 심비디움(주로 한국에서 수출)을 수출할 경우 중국정부에서 발급하는 CITES(국제멸종위기동식물조약)를 무조건 받아야 함

- 멸종위기동식물로 분류된 식물은 자연산일 경우 반드시 CITES를 받아야 하나, 심비디움은 대량조직배양(인공재배) 식물이므로 비멸종위기동식물증명(非濒危物种证明)으로 대체되어야 할 것임

- 또한 이로 인한 비용도 발생함. 비멸종위기동식물증명은 비용을 받지 않으나 CITES를 받으면 물건 값의 3%를 관리비로 내야 함(한국에서는 받지 않음)

▶ 통관 수속 기간이 많이 소요됨(2개월 이상 소요)

- 칭다오로 수입할 경우 칭다오시 임업국 수속 5일(영업일), 산동성 임업청

▼ 2008년 상하이에서의 심비디움 판촉행사 장면, KBS방송 캡처

20일(영업일), 국가임업국 20일(영업일), CITES최종심사(산둥성 제남사무소
에서 시행) 및 프린트하는데 20일(영업일) 소요. 즉 2달 이상의 시간적 여유
를 갖고 수속을 밟아야 함

▶ 검역은 먼저 검역국 서류심사→세관 심사 및 증치세 납부→검역국현장 검사
→샘플채취→정밀검사→통관 등의 절차를 거치게 됨

- 세관 심사 전에 관세와 증치세를 선납하게 되는데, 문제는 상품이 검역
 불합격일 경우 세관에 납부한 관세·세금, 증치세 등을 돌려받기 어려워
 포기하게 됨

 이 과정에서 상품값 뿐만 아니라 통관하는데 소요된 모든 비용을 지불한 후
 불합격판정이 나기에 수입상으로서는 엄청난 비용과 시간을 허비하게 됨

신선농산물 수출에는 '검역협상'이 비관세 장벽

신선농산물 수출에서는 식품보다 한층 까다롭고 복잡한 비관세 장벽이 존재
한다.

농산물을 다른 국가로 수출하려면 반드시 검역협상을 거쳐야 한다. 예를 들어
사과를 수출하고 싶고 품질이 우수해 중국에서 시장성이 충분하다 하더라도, 양
국간 검역협상이 타결돼 있지 않으면 수출을 할 수 없다.

앞서 수출사례에서도 언급했듯이 포도의 경우도 국가간 검역협상을 통과하는데
무려 7년이란 시간이 걸렸다. 우리나라의 사과·배처럼 정치적으로 민감한 품목
이라면 10년, 20년도 갈 수 있고, 오래 걸린다고 해서 반드시 타결된다는 보장이
없는 것이 바로 검역 협상이다.

특히 농산물 생산국가에는 존재하지만 수입국에는 없는 바이러스나 균, 해충이

발견될 경우 통관이 불가능하다. 현재 모든 농산물 수입국에서 자국 농업생산 피해와 자국민 건강을 위해 검역협상의 한 부분인 PRA(병해충위험분석)을 철저히 시행하고 있다.

인증·허가·포장 및 표기방식도 비관세 장벽 역할

중국 정부는 수출관련 허가나 등록 제도를 강화해 비관세 장벽으로 삼고 있기도 하다. 보건식품의 경우 매 품목마다 CFDA(중국식품의약품안전국)에 등록이 선행 되어야 한다. 중국은 수출국에서 발급한 위생증명서와는 별도로 중국 내에서 발급된 위생증명서를 요구하는 경우도 있다.

통관 검역을 위해 제시해야 할 서류는 무역계약서, 포장명세서 등 기본 서류 외 원문라벨 및 번역본, 중문라벨, 라벨에 명시된 수입상, 유통상, 대리상의 영업허가증 등 14종에 달한다. 게다가 검역조건이 품목별로 상이해 해당 검역조건에 맞는 서류를 구비하기가 여간 까다롭지 않다는 것이다.

또한 수입식품 국외생산기업 등록제라 하여, 육류와 수산물 및 수산가공품 수출을 원하는 기업은 반드시 사전에 등록을 해야 수출이 가능하다. 예를 들어 조미 김을 수출하려면 국립수산물품질관리원을 통해 중국 정부에 생산공장 등록을 해야 하고, 쌀을 수출하려면 국립농산물품질관리원을 통해 중국 정부에 미곡종 합처리장(RPC) 등록을 해야 한다.

라벨 관련 규정도 이전보다 강화되었다.

모든 수입포장식품에 중문 간자로 쓰인 라벨 부착을 의무화한 것은 물론이고, 일부 해관에서는 라벨스티커 부착을 금지해 한국에서 수출할 때 직접 포장지에 인쇄해야 하는 경우도 있다.

중문라벨에는 식품명, 원산지, 분할포장여부, 내용량, 생산일자와 유통기한 등 자세한 내용을 표시해야 한다. 질병예방이나 치료 작용 등을 암시한 문구가 있으면 보건식품으로 분류되어 사실상 수출이 불가능하다.

그렇다 하더라도 중국수출을 처음 추진하는 상품이라면 처음부터 중문라벨을 만들지 말고, 현지 바이어나 중국의 상품검사기관에서 확인해서 문제가 없다고 할 때 중문라벨을 제작하는 것이 경제적이다.

지금도 제조당시부터 중국어 라벨을 만들어서 붙여 나가기가 현실적으로 어려워, 중국에 도착한 뒤 라벨스티커를 제작해서 붙이는 경우가 많다고 한다. 이 작업에 필요한 중문표기 번역이나 라벨 제작을 하는 대행사도 여러 곳이 있다고하니, 수출업체가 세세한 라벨규정을 모두 맞추기 어려울 때에는 전문 업체를 이용하는 것도 방법이 될 수 있을 것이다.

비관세 장벽을 넘어
식품 수출은 계속돼야

–

인증이나 제도가 갈수록 까다로워지면서, 자격을 갖추기 어려운 품목을 중심으로 정상적인 경로를 통한 수출 대신 정식 통관을 거치지 않고 유통시킬 가능성을 높게 만드는 요인이 되고 있다. 인삼 등 보건식품에 해당하는 품목에서 실제 일어나고 있는 일이기도 하니 양성화 방안은 없을지 고민을 해 본다.

이외에도 중국 행정당국의 편의주의에 따라 우리 수출업체가 손해를 보는 경우도 있다. 최근 한·중간의 정치적인 이견(사드 배치 문제)으로 한국식품의 통관이 순조롭지 못하다는 얘기도 들린다.

한국 식품의 인기가 높아지면서 비슷한 디자인의 로고나 디자인, 유사 브랜드 등을 중국 업체가 사용하는 사례도 늘고 있다. 여기에 대비하려면 사전에 특허권이나 상표권을 등록해야 할 것이다.

2부 **2장**

FTA와
농식품 수출 절차
및 지원 제도

1

FTA 이해하기
(한·중 FTA를 중심으로)

❝❞

한국 농식품을 중국으로 수출하기 위해서는 한 · 중 FTA를 이해하고 잘 활용할 필요가 있다.

우리나라가 다른 나라와 처음으로 체결한 한 · 칠레 FTA 경우 당시 농민단체들을 필두로 우리 농업계의 반대는 매우 극렬했고, 이런 우리 농업 · 농촌의 사정을 반영해 협상이 진행되었던 것으로 알고 있다.

그 후 한 · EU, 한 · 미, 한 · 중 등과 FTA 협상이 진행될 때마다 농민들의 생존권 시위와 더불어 FTA 체결반대 여론이 끊임없이 제기됐다. 정부는 이같은 갈등을 해결해 가는 노력과 함께 경제적 이해관계가 큰 국가 또는 지역과의 FTA 체결에 속도를 더해 갔다.

그리고 2004년 한 · 중 통상장관 회담을 시작으로 한국과 중국을 오고 간 14차례의 협상 끝에, 2014년 11월 10일 베이징에서 박근혜 대통령과 시진핑 주석의 정상회담시 한 · 중 FTA의 실질적인 타결이 선언됐다. 그로부터 1년 만인 2015년 11월 30일 대한민국 국회의 비준을 얻었고, 그

해 12월 20일 한·중 FTA가 마침내 발효됐다.

이로써 한국은 한·EU, 한·미, 한·중 등 세계 3대 경제권역과 FTA를 맺는 최초의 국가가 되었으며, 동시에 가장 넓은 경제영토를 갖는 국가가 되었다.

그런데 이처럼 한국이 FTA에 올인 하는 이유는 뭘까? 한 마디로 말해, 한국은 무역을 통해 경제를 발전시켜 왔고 먹거리를 조달해 온 나라이기 때문이다.

우리에게 지리적으로 가장 가까우면서도 세계에서 가장 큰 시장인 중국과의 FTA 체결도 그 연장선상에서 이해하면 될 듯하다.

교역의 중심 단어가 된 FTA! 이것을 이해하려면 지금까지 세계무역 질서가 어떻게 달라져 왔는지, 간략하게나마 알아둘 필요가 있을 것 같다.

양자 간 무역협정
'FTA'의 시대가 열리다

–

1945년 8월, 제2차 세계대전이 끝난 후 미국을 중심으로 세계무역이 급성장하기 시작했다.

국가 간 자유로운 무역이 이뤄지기 위해서는 관세와 수출입 제한 등의 무역장벽부터 해소할 필요가 있었다. 이에 1947년 10월 30일 스위스 제네바에 미국을 위시한 23개국 대표가 모여 세계무역 질서를 바로 잡자는 협의가 이뤄졌고, 이는 GATT(가트·관세 및 무역에 관한 일반협정,General Agreement on Tariffs and Trade)라는 체제로 나타났다.

그러나 미국 주도의 국제경제 질서가 1980년대에 일본·유럽공동체(EC) 등으로 재편되면서 새로운 무역질서를 관리 감독할 보다 강력한 기구의 필요성이 대두되기 시작했다.

1986년 우루과이에서 진행된 8번째 GATT 협상에서는 무역자유화를 위해 보다 구체적이고 체계적인 노력을 기울이기로 했고, 여러 번의 협상을 거쳐 1993년 정식으로 타결됐다. 이때의 협상을 우루과이라운드(UR)라 부른다.

우리나라는 UR을 통해 수출을 확대할 수 있는 기회를 마련한 반면, 쌀 시장과 서비스 시장의 개방이라는 엄청난 파도를 맞이해야만 했다.

UR협상의 내용 중에는 자유무역을 강화하기 위한 기구를 두자는 내용이 포함돼 있었다. 그래서 생긴 것이 WTO(세계무역기구 World Trade Organization)이며, 이의 발족으로 GATT체제는 종말을 고하게 된다. WTO체제 하에서의 무역협상은 다자간 협상이다. 여러 나라가 협상에 참여하기 때문에 각 나라마다 다른 입장 차이로 합의를 도출하기도 어렵고 협상기간이 길어질 수 밖에 없었다.

그래서 생겨나기 시작한 것이 FTA(자유무역협정·Free Trade Agreement)라고 해도 과언이 아니다.

FTA는 이해가 맞는 국가와 국가, 국가와 지역 간에 체결하므로 합의가 비교적 용이하고 협상 타결까지 소요되는 기간이 짧은 편이다.

장점은 시장이 크게 확대되어 비교우위에 있는 상품의 수출과 투자가 촉진된다는 점이다. 반면 협정대상국에 비해 경쟁력이 낮은 산업은 피해를 입을 수밖에 없다는 단점도 있다.

FTA의 단계별 이해

–

FTA 단계별 경제통합 단계

출처 : 산업통상자원부

자유무역협정 (FTA)	관세동맹 Customs Union	공동시장 Common Market	완전경제통합 Single Market
STEP 1 회원국간 관세철폐 중심(예:NAFTA)	**STEP 2** 역외국에 대해 공동관세율을 적용 (예:MERCOSUR)	**STEP 3** 회원국 간 생산요소의 자유로운 이동이 가능 (예:EEC)	**STEP 4** 단일통화, 회원국의 공동의회설치와 같은 정치, 경제적 통합(예:EU)
역내관세철폐	역내관세철폐	역내관세철폐	역내관세철폐
	역외공동관세부과	역외공동관세부과	역외공동관세부과
		역내생산요소 자유이동보장	역내생산요소 자유이동보장
			역내공동 경제정책수행
			초국가적 기구 설치·운영

우리가 흔히 말하는 FTA는 위 표의 1단계(STEP 1)에 해당하는 것이
며, 우리나라가 지금까지 체결한 FTA는 모두 1단계에 해당한다.

관세동맹(Customs Union)이라고 하는 2단계는 역외 국가에 대하여,
역내 국가가 공동으로 관세를 부과하는 것이다. 예를 들자면, FTA를 체
결한 한국과 중국이 역외국가인 일본을 상대로 공동관세율을 적용한다
는 것이다.

FTA 3단계인 공동시장(Common Market)은 체결국가간에 생산요소

의 자유로운 이동이 가능한 단계를 의미한다. 즉, 한국에서 생산된 농산물이 중국으로, 중국에서 생산된 농산물이 한국으로 자유롭게 이동할 수 있다는 것이다. 이렇게 될 경우 중국산 농산물이 원산지 개념 없이 한국으로 자유롭게 넘어올 수 있다는 의미인데, 한국 농어업인의 입장에서 상상하기조차 싫은 단계일 것이다.

그 다음이 마지막 4단계인 완전경제통합(Single Market)에 이르는 단계인데, 지금의 유럽연합(EU)이 여기에 해당한다. 각 회원국들이 정치적으로는 독립국가이지만 경제적으로는 한 국가나 다름없는 경제통합을 이뤄서 화폐나 물자의 이동이 자유로운 상태를 의미한다.

이러한 단계별 FTA를 우리나라 농어업 입장에서 본다면 제1단계가 가장 적절한 FTA 단계로 생각되며, 만약 더 발전시켜 간다 하더라도 제2단계인 관세동맹(Customs Union)까지가 마지노선일 것으로 생각된다.

이해관계 때문에
장기간 협상한 '한·중 FTA'

—

우리나라는 2004년 4월 1일 한·칠레 FTA를 시작으로 2016년 8월 현재 52개 국가와 FTA를 체결했다. 이중에서 중국은 한국과 FTA를 체결한 48번째 나라다.

중국과의 FTA는 서로 간에 품목별 이해관계가 복잡하여 협상 과정이 순탄치 않았다고 한다.

한국은 농업을 보호하기 위해, 중국은 전자·자동차·철강·석유화학 등으로 민감 품목이 서로 달라 첨예하게 대립했기 때문이다. 협상기간도 오래 걸려, 한·중 FTA가 타결되기까지 협상기간만 30개월이 걸렸다고 한다.

한·중 FTA는 대한민국 국회가 2015년 11월 30일 비준하고 같은 해 12월 20일 발효됐다.

국회 비준으로부터 한 달도 채 되지 않아 연내에 서둘러 발효된 이유는 뭘까?

바로 균등 철폐하기로 한 관세율 적용에 있어서 1년을 벌고 가기 위해서다. 해가 바뀔 때마다 관세율을 일정하게 낮추기로 한 협정 내용 때문인 것이다.

예를 들어 김치의 경우 20%의 관세를 20년 후 철폐하는 것으로 결정됐는데, 이는 20년 동안 해마다 1%씩 관세가 낮아지는 것을 의미한다.

즉, 2015년 12월 20일 한·중 FTA가 발효됨에 따라 2015년 연말까지는 불과 10일 밖에 남지 않게 되지만, 이 10일이 1년치 관세가 낮아지는 효과를 볼 수 있기 때문에 2016년에는 FTA 발효 2년차가 되어, 2년차 관세율 18%를 적용받을 수 있게 된다는 것이다.

시장은 열어도
한국 농업은 지켜야 한다!

—

한·중 FTA는 역대 FTA 체결사상 양허제외 품목이 가장 많았다. 양허제외 품목은 관세철폐 없이 현재의 관세를 유지할 수 있다는 것을 의미하는데, 이는 곧 시장을 완전 개방하지 않고 관세화함으로서 해당품목의 산업을 보호하겠다는 의지로 보면 될 것 같다.

한·중 FTA 주요 내용을 보면 우리나라는 전체 농산물(1,611개) 중 초민감 품목이 581개(36.1%), 민감 품목 수는 441개(27.4%)다. 일반품목은 589개(36.6%)다. 초민감 품목과 민감 품목을 합한 비중은 63.4%에 달한다.

주요 농산물 중에서 '쌀 및 쌀 관련 제품' 16개 품목은 아예 협상 대상에서 제외시켰다. 축산물과 채소 특작류, 과실류, 인삼류는 양허대상에서 제외된 것으로 나타났다. 주요 과실가공품과 전통식품도 양허제외 품목에 포함되어 있다.

이 같은 협상결과를 한국농식품의 대중국 수출입 입장에서 보면 한·중 FTA 전이나 후나 별반 달라진 게 없다는 생각이다. 그래서 농민단체들의 반대 목소리도 낮았던 것 아닌가 하는 생각도 든다.

특히 초민감 품목 중 사과·배는 중국 정부가 계속해서 국내시장을 열어달라고 요청하고 있는 것으로 알려지고 있다.

하지만 사과·배 시장을 열 경우 국내 농가들은 상상할 수 없을 만큼 큰 피해를 입게 될 것이 자명하므로 우리 정부도 이에 응하지 않고 있는 것이다.

한국산 사과·배를 중국으로 수출하면 되지 않겠느냐고 생각할 수도 있겠지만, 중국으로 사과·배를 수출하기 위해 국내 시장을 열어줄 경우, 낮은 가격과 물량을 앞세운 중국산 사과·배가 국내로 밀물처럼 밀려들어 오게 될 것이다.

이로 인해 우리 농가가 입을 피해는 눈앞에 불을 보듯 뻔하다.

2

일반식품의
대중국 수출 절차

수출을 시작하기 전 반드시 필요한 것은 수출하고자 하는 상품의 시장성 조사일 것이다. 이러한 절차를 거치고 나야 바이어를 찾을 수도 있고, 그 다음 바이어가 요구하는 대로 상품을 만들어 줄 수도 있을 것이다. 중국으로의 농식품 수출 절차는 다른 장에서도 일부 품목에 대해 언급하고 있지만, 식품의 종류에 따라서 준비 서류가 다를 수 있기 때문에 여기서는 일반식품의 대중국 수출시 공통적으로 적용되는 절차에 대해서 언급코자 한다.

일반적인 대중국 수출 절차

–

중국으로의 일반적인 수출 절차를 간략히 열거하면, 중국 현지 시장조사-거래선 발굴-수출계약 체결(대금결제방법, 운송, 보험부담 명확화)-수출위생 · 검역, 통관-대금회수 클레임 등으로 나눌 수 있다.

1. 상표등록

앞장에서도 언급했지만, 중국 내에서 법적으로 상표를 보호받기 위해서는 반드시 상표등록이 우선돼야 하며, 일반적으로 중국 진출을 확정한 단계에서 상표등록부터 진행하도록 한다.

2. 위생허가

농식품의 경우 중국 내에서 판매 및 유통을 하기 위해서는 반드시 위생허가가 필요하다. 이를 크게 두 종류로 나눌 수 있는데, 동식물의 경우는 사전에 정부간 검역협상이 이뤄져야 수출을 할 수가 있으며, 일반식품인 경우는 동식물과 달리 사전에 검역협상을 필요로 하지는 않는다.

그러나 사전에 검역협상이 필요한 품목이든, 아니든 간에 수출을 할 경우에는 반드시 식약처(가공식품)나 수산물품질관리원(수산품), 농림축산검역본부(농축산물)에서 발급하는 '수출위생증명서'가 필요하다. 한국에서 발급받은 '수출위생증명서'를 중국 상품검역국(CIQ : China Inspection & Quarantine)에 제출하면 중국 상품검역국에서는 실험을 통해서 문제가 없을 경우 수입위생증명서를 교부하여 준다.

3. 중문라벨 등록

위생허가와 함께 중국 수출을 하기 위한 필수 절차이며, 다음과 같이 중국 측 라벨관련 규정을 만족해야 한다.

▶ 필수 표기사항

  - 영양성분표, 중량표기, 수입자, 생산일자, 유통기한 표기 등

▶ 예방·질병치료 등의 내용을 표기하거나 암시하면 안된다. 비보건식품을 보건

식품인양 표기하거나 암시하면 안 됨

▸ 라벨이 식품 혹은 포장물(용기)과 분리되면 안 됨

▸ 규범화된 중문 간체자(簡体字)를 사용해야 함

▸ 외국어를 사용할 수는 있지만 중문과 대응 관계여야 하며, 모든 외국어는 대
응하는 중문보다 커서는 안 됨. ≤중문, 단 등록상표는 제외

▸ 모든 품목에 단독 라벨을 표기해야 함

▸ 내포장(용기)상의 모든 표기내용이 외포장을 통해 식별이 가능하다면 외포장
에 중복으로 표기하지 않아도 됨

▸ 성분배합표 : 첨가량이 2%를 초과하지 않을 경우, 함량순에 따라 표기하지
않아도 됨

▸ 영양성분 표기 제외해도 되는 제품 : 신선식품(생고기, 생선, 과일과 야채, 즉
석 식품, 포장된 식용수 등)

4.바이어의 신용조사

수출업체가 직접 하거나 중국에 파견된 aT 등 각 기관 해외 사무소에 의뢰하여
바이어의 신용상태를 조사할 필요가 있다.

5.수출입 계약서를 작성한다.

이메일이나 구두로 계약을 하는 것도 법적인 효력은 있으나 정식 계약서를 작성
하는 것이 좋다.

6.계약서를 작성한 다음 수출 서류를 작성하는 순서

1) 상업송장(Commercial invoice)과 포장명세서(Packing list)를 작성한다.

2) 상업송장과 포장명세서를 관세청에 보내서 수출신고를 진행한다.

3) 관세청으로부터 수출신고필증(수출면장이라고도 함)을 발급받은 후

4) 대한상공회의소나 관세청으로부터 원산지 증명서를 발급받고, 선박회사에 B/L(선하증권)을 신청하여 발급받는다.

5) B/L을 발급받은 후 한국 해당기관으로부터 '수출위생증명서'를 발급받는다.

6) 이 중 B/L과 원산지 증명서, 수출위생증명서를 바이어측에 우편이나 국제특송을 통해 발송하면 수출자의 서류 준비 및 절차는 완료되며, 중국 측 바이어가 수입신고를 하게 된다.

여기서 수출에 필요한 서류에 대해 알아 본다.

- **상업송장(Commercial invoice)**
  - 선하증권과 함께 필수적인 선적서류. 매도인이 매수인 앞으로 해당물품의 특성과 내용명세를 상세하고 정확하게 작성하여 송부하는 선적화물의 계산서 및 내용명세.
  - 국제무역의 경우에는 적요서나 안내장의 역할뿐만 아니라 매매 당사자의 이름과 주소, 발행일자, 주문번호, 계약상품의 규격 및 개수, 포장상태 및 화인(marks) 등이 표시된 구체적인 매매 계산서인 동시에 대금청구서임
  - 세관신고의 증명자료가 됨. 따라서 모든 송장은 과세표준액 산정에 가장 중요한 자료가 되므로 수입 통관시 수입업자에게 불이익이 초래되지 않도록 정확히 작성 필요

- **포장명세서(Packing list)**
  - 포장(Packing)된 물품의 목록(list)을 상세히 기재한 문서로서 패킹리스트라고도 함. 상업송장 등과 같은 필수 운송서류는 아니지만, 중요한 부속서류임.
  - 주로 포장된 물품의 종류, 수량, 중량, 용적 및 포장된 날짜 등을 기재 하지만 관례상 가격은 기재하지 않음

- 수/출입 통관 수속 등에 사용되며, 포장된 물품의 선적/양륙시나 사고 발생시에 물품의 확인을 위해 사용되기도 하며, 반드시 다른 운송서류와 기재된 내용이 일치해야 함.

● 원산지 증명서(Certificate of Origin)

- 원산지는 상품을 생산한 재배지 혹은 상품의 국적을 의미하며, 원산지 증명서는 그 상품이 어디서 생산되었는지 증명하는 문서임.
- 원산지 증명서의 유형은 관세양허 대상이 아닌 비특혜 원산지 증명서와 관세 양허 대상인 특혜 원산지 증명서로 구분됨.
- 원산지를 허위로 판매하거나 타원산지 제품과 혼합하여 유통시킬 경우 농산물 품질관리법에 따른 불이익으로 처벌이나 벌금이 부과될 수 있음

● 위생 증명서(Health certificate)

- 해당 식품이 위생적으로 생산·가공되어 품질관리법에 의한 검사에 합격하였음을 증명하는 문서.
- 위생 증명서에는 발행번호 및 발행일, 신청인의 인적사항을 정확히 기재하여야 함
- 식품의 품명·수량·생산지 등의 내용을 상세하게 기재하도록 함

● 선하증권(Billl of lading)

- 증권에 기재된 조건에 따라 운송하며, 지정된 양륙항(揚陸港)에서 증권의 정당한 소지인에게 그 화물을 양도할 것을 약정하는 유가증권이며, 이것은 화주(貨主)의 요청에 따라 선장(실제로는 선박회사 또는 대리점이 발행함)이 발행함
- 육상에서의 화물 인환증과 같이 물건적, 채권적 효력을 갖고 있으며, 배서(背書)에 따라 양도할 수 있는 유통증권임

중국내 식품분류와
품목고유번호(HS코드) 알아보기

—

중국으로 수출하는 일반 농식품은 농축수산물과 선포장식품, 비포장식품으로 나뉜다.

이중 선포장식품(先包裝食品)은 포장해서 판매하는 식품을 뜻하는 것으로 우리나라의 포장식품과 비슷한 개념으로 일반 가공식품으로 이해하면 된다.

비포장식품(非包裝食品)은 패스트푸드 매장이나 프랜차이즈 음식점 등에서 판매하는 식품처럼, 수출국에서 완전 포장해서 보내는 형태가 아니라 원재료나 반조리 형태로 만들어 수출한 뒤 현지에서 재가공 · 포장하는 식품을 말한다.

수출하려는 식품이 중국 내 어느 품목 군에 속하는지 확인과 함께, 세계적으로 통용되는 품목별 HS 코드를 확인하는 것이 중요하다.

HS 코드란 무역에서 전 세계적으로 공통으로 사용하는 품목고유 번호를 말한다. 세계적으로는 6자리 숫자까지는 공통으로 쓰이며 중국은 8단위, 한국은 더욱 세분화 하여 10자리 숫자로 표시한다.

한국과 중국 간에는 FTA가 발효되고 있기 때문에 HS코드(세번 부호)에 따라 관세율 적용기준이 다를 수 있다. 그러므로 해당 물품의 HS코드에 따라 양허대상인지 혹은 얼마만큼 관세가 경감되는지 확인해야 한다.

FTA협정세율 확인은 관세청 홈페이지(http://fta.customs.go.kr)나 한국무역협회 트레이드내비(http://tradenavi.or.kr)에서 확인이 가능하다. 또한 이런 일들은 관세사의 조력을 받는 것이 효율적일 것으로 판단된다.

바이어 찾기

—

중국에서 바이어를 찾는 방법은 여러 가지가 있다.

- 현지 기관인 aT, 코트라, 각 지자체가 추진하는 수출상담회 등을 통해 바이어를 만나는 방법
- 전시회에 참가하여 찾는 방법
- 인터넷 쇼핑몰에 입점되어 있는 업체 명단을 확인하여 찾는 방법
- 중국의 상업연합회라는 조직에 등재되어 있는 회원명부(Directory)를 확보하여 확인하는 방법 등

이외에도 바이어를 찾는 방법이 있을 수 있겠지만, 필자가 중국에서 근무하면서 바이어를 발굴했던 방법을 소개해 본다.

대형유통업체나 백화점 식품코너에 규모 있게 진열되어 있는 일본·

▼ aT의 B2B 수출상담회 현장

미국 · 이탈리아 등의 식품군을 찾은 후 그 상품에 표기되어 있는 수입상(공급상)의 연락처로 전화를 하는 방법이다. 그 바이어에게 한국식품을 취급할 의향을 묻고 한국정부의 마케팅 지원사항 등을 알려 주면서 한국식품에 관심을 갖도록 했다.

단, 어떤 경우든지 사전에 신용조회를 통해 바이어의 신용도는 반드시 확인하여야 한다.

신용 조사를 할 때는 업체의 성격(Character), 자본(Capital), 능력(Capaciyy) 등 이른바 3C를 조회한 후 구매의사(Inquiry)를 표현하고 문의하여 계약을 체결하도록 하는 것이 바른 방법이다.

그러나 이 같은 신용도 조사를 수출업체가 직접 수행하기에는 인적 · 물적으로 제약요인이 있으므로 중국 현지에 파견되어서 한국상품의 시장개척 업무를 지원하고 있는 aT · 코트라 · 무역협회 · 한국무역보험공사 · 중소기업진흥공단, 각 지자체 등의 조직을 통해 신용조사를 의뢰하면 많은 비용을 들이지 않고 발품 팔지 않아도 바이어의 신용도를 확인해 볼 수 있을 것이다.

수출 전 중국 정부에 등록하고
식품분류 확인해야

—

식품을 수출할 때에는 가장 먼저 해외 생산업체 및 수출업체를 중국 국가질량감독검험검역총국(AQSIQ) 시스템에 등록해야 한다.

AQSIQ 시스템 등록은 식품수출기업이 중국에 식품을 수출하기 전에 등록하는 것을 말한다. 등록은 온라인으로 신청할 수 있으며, 온라인 등록 시스템의 인터넷 주소는 http://ire.eciq.cn 이다.

그 다음에는 수출하려는 제품이 중국의 식품분류 중 일반식품에 속하는지 보건식품 또는 친환경식품에 속하는 지를 사전에 판단해야 한다. 일반식품이냐, 아니냐에 따라 중국 수출에 소요되는 시간과 비용에 큰 차이가 있다.

또한 한국과 중국의 식품검사표준에는 차이가 있다. 생산 및 수출 전에 관련 제품이 중국국가표준, 식품첨가제국가표준, 식품영양강화제국가표준 및 위생표준을 충족시킬 수 있는 제품인지를 사전에 확인할 필요가 있다.

제품의 사전검토를 마친 다음에는 제품을 선적해서 중국 항구로 보내게 된다. 그리고 나서 CIQ(중국 상품 검역국) 신고를 한다.

세부 사항까지 꼼꼼히 맞춰야 하는
라벨 등록

—

라벨 등록을 한 후에 CIQ에 수입상품 신고를 마치면 라벨 등록 및 신청을 한다. 이때 일반식품 중 선포장식품은 중국 식품안전법에 근거하여 중문 라벨을 부착해야 한다. 중문 라벨이 없거나 또는 라벨이 관련 조항 및 규정에 부합하지 않으면 원칙적으로 수출이 불가능하다.

이처럼 중문표기 및 라벨등록 등에 대해서는 aT가 비용을 지원하는 제도가 있으니 참고하면 좋을 것이다. 위생증서 · 위생허가 · 검사검역증명서 및 라벨등록 번호를 발급 받아 중문 라벨을 부착(입항 전 인쇄해서 부착하거나 입항 후 부착)하고 나면 중국 현지에서 유통 판매할 수 있다.

각각의 수출 절차에 소요되는 기간도 참고하면 좋을 것이다. 물론 품목에 따라 차이가 있지만, 일반식품 중 선포장식품의 첫 수출을 기준으로 볼 때 제품 사전 검토에 1~2주가 소요된다. 제품 분류, 성분(식품원료 및 식품첨가제) 및 함량에 대해 중국 표준 적합여부 확인 등을 하는 기간이다. 일부 식품, 예를 들어 유제품처럼 전 항목 시험성적서를 통관 전에 준비해야 하는 경우도 있다.

참고로 2018년 1월 1일부터 온라인과 오프라인에서 판매하는 모든 영유아 조제분유는 CFDA(중국 국가식품약품감독관리총국)에 배합등록을 반드시 해야 한다.

원산지 증명서 등 관련 서류는 5년간 보관

—

HS코드와 세율을 확인한 다음에는 BOM(Bill of Material · 원자재 명세서)을 작성해야 한다.

여기에는 품목명칭과 소요량, 단가, 가격정보, 원료를 어디서 구입했는지 등이 나와 있어야 한다. BOM에는 4단위 HS코드가 표기되는데 이를 통해 어떤 원료를 어떻게 가공했느냐(형태나 특성에 있어 변형이 크다면)를 확인할 수 있다.

예를 들어 물김 · 식용유 · 소금을 넣어 만든 조미김의 경우, 원재료인 물김에서 크게 변형된 것이므로 조미김 HS코드인 2106이 붙는다.

또한 조미김을 만드는 실질적인 공정이 우리나라에서 이뤄졌다면 원산지는 한국이 된다. 그러나 큰 조미김을 가져다가 잘라서 작은 조미김을 만든 경우에는 크게 변형된 것이 아니므로 큰 조미김과 작은 조미김의 HS코드가 같고 이때는 원산지가 바뀌었다고 보지 않는다.

통상적으로 여러 업체가 수출한 경험이 있는 상품은 HS코드가 나와 있지만, 특성이 달라서 기존 HS코드에 적용할 수 없다면 추가적으로 서류를 확인해야 한다. 수입자는 수출자에게 자료를 받아서 중국 세관에 소명해야 하는데, 관세사나 관세청에 문의해서 자료를 만들어야 하는 경우도 있을 수 있다.

수출물품의 원산지를 증명하는 원산지 증명서도 매우 중요한데, 국내에서 거래되는 원재료에 대해서는 국내법에서는 '원산지 확인서'를 통해서 원재료 원산지를 확인하도록 하고 있다. 원재료가 한국산이고 입증서류가 있으면, 원산지 판정에서 제외되지만, 원재료를 수입해서 사용했는데 이에 대한 입증서류가 없으면 상품을 수출할 수가 없다.

'원산지 확인서'는 국내에서 거래되는 물품의 원산지를 확인할 수 있는 서류이며, '원산지 증명서'는 국제적으로 통용되는 물품의 원산지를 인정하는 서류다. 원산지 증명서는 여권, 원산지 확인서는 주민등록증이라고 보면 이해하기 쉽겠다.

원산지가 국내산이 맞으면 국립농산물품질관리원 등 발급기관에 신청해 원산지 확인서를 발급 받는다. 만약 개인 농가나 어민으로부터 구입한 원료라면 원산지 확인을 어떻게 해야 하나 의문이 생길 수 있다.

이렇게 개인 농어민에게 공급받은 원료의 경우, 농산물은 국립농산물품질관리원에서 확인서를 발급해주고 수산물은 수협에서 수매확인서를 발행해 확인해주고 있다. 이외에 세금계산서나 거래명세서가 있어야 한다.

위에서 언급한 수매확인서나 원산지 확인서 등은 5년 동안 보관해 놓아야 한다. 이외에도 무역관련 기본서류인 수입신고필증, 선적서류(인보이스, 패킹리스트), 원산지 증명서, 수출신고필증, 원산지 확인서 등도 5년간 보관하도록 되어 있다.

복잡한 수출절차
통관사가 대신하기도

—

통관사들은 수출업체를 대신하여 대중국 통관을 대행해 주고 있는데, 한·중 FTA 발효 이후 관세가 낮아지면서 중국 정부가 검역을 강화하는 방법으로 수입을 까다롭게 하고 있다고 한다.

그래서 통관대행 업체들은 검역이 까다로운 농산물보다는 선포장 식품을 선호한다. 이러한 상황은 중국수출 품목 중 생활용품은 관세가 10% 미만인데 비해, 식품류는 음료 35%, 스낵류 25%, 라면류 15% 등 상대적으로 관세가 높은 것도 주요한 이유인 듯하다.

그래서 식품통관은 기피하는 대신 돈이 되는 생활용품 통관 대행을 선호한다는 의미다. 그나마 식품 중에서는 비교적 통관이 수월한 품목은 가공식품이라는 것이다.

농산물이나 농산가공품은 수출하기까지 시간과 비용이 많이 들고 통관 자체도 어렵다는 것이 일반적이다. 특히 신선식품은 한번 통관이 잘못되면 계속 보관료가 들어가는데다 유통기한이 짧아서, 당일에 통관시켜 다음날 상하이나 베이징으로 보내줘야 타산을 맞출 수 있기 때문에 취급을 꺼린다는 것이다.

물론 이는 전적으로 통관만 하는 업체의 입장이다. 농산물이나 농산가공품을 생산하는 수출업체로서는 과정이 어렵더라도 중국시장의 가능성에 승부를 걸어야 한다는 생각이다.

수출 관련 서류
온라인 발급 가능

–

실제로 수출업체가 생산한 가공식품이 어떤 과정을 거쳐 중국시장으로 가는지 설명해 본다.

물론, 혼적 컨테이너의 경우다. 먼저 컨테이너 화물주(수입상)가 무슨 제과류 몇 상자, 무슨 음료 몇 상자 식으로 한국 쪽에 주문서를 띄우게 되는데, 제조사에 직접 주문하거나 대행사를 통하는 방식으로 제품을 주문한다.

그 다음 수출 · 포장, 라벨부착 작업은 제조사가 직접 하거나, 임대 창고에 수출상품을 모두 집하해서 한다. 종류가 많을 때는 한 컨테이너에 혼적물품이 100여종류가 될 때도 있다.

신고가 필요한 품목일 경우에는 제조사와 중국 측 사이에 필요서류가

오갈 수 있도록 통관업체가 중간에서 역할을 해준다. 원칙적으로는 제조사나 업체에서 인보이스, 패킹리스트를 만들어 통관사에 보내줘야 한다. 그러나 현실적으로는 통관사가 업체에게 선적리스트를 받아서 인보이스 등 선적에 필요한 서류를 만들어서 수출업체에 다시 주기도 한다.

수출관련 서류발급에 대한 것은 현재 온라인 통합시스템이 갖춰져 있어, 전산으로 신고 및 발급 받을 수 있다.

3

수출 계약 시 유의 사항과
클레임 대처 요령

66

얼마 전 만난 한 무역업체 관계자는 이런 얘기를 했다.

"요즘 누가 수출할 때 일일이 계약서를 써요? 이메일 한 통이면 다 되는데. 물량·가격 자세히 나와 있는 계약서는 수입업체가 안 좋아해요. 수출업체도 돈 들여서 대행사에 서류작성 맡길 필요 없다고 좋아하고요."

요즘 무역관련 절차에 대한 업체의 인식을 보여주는 말인 듯했다. 물론 무역계약이란 불요식(不要式)성이 있으므로 반드시 서면에 의하지 않고 전자우편(이메일)으로 주고받더라도 법적 효력은 있다. 문서 없는 구두 합의만으로도 계약이 성립하고, 형식을 갖추지 않은 서류라 해도 당사자 간 서명만으로 효력이 발생한다. 하지만 만에 하나라도 수출자와 수입자간 분쟁이 생길 경우 계약서만큼 확실한 건 없다는 게 오랜 기간 수출업체를 지켜봐온 생각이다. 특히 처음 수출을 진행하는 거라면 정확한 형식을 갖춘 계약서를 반드시 작성할 것을 권하고 싶다. 계약서

작성은 업체의 수출경험을 데이터화 한다든지, 사내 업무 매뉴얼을 구축하는 데 도움이 될 것이다.

소규모 물량이라도
계약서 꼭 작성해야

—

실질적인 계약에 앞서 몇 가지 필수 점검사항이 있다.

우선 계약 의도와 계약서를 체결하는 배경에 대한 충분한 이해가 있어야 한다.

그 다음은 양 국가의 관련 법률과 규정을 철저히 조사하는 일이다.

중국에서는 대외무역 권한을 가진 기업만이 외국으로부터 물품을 수입할 수 있다. 수입자가 대외무역 권한이 없는 경우에는 대외무역 권한이 있는 자에게 위탁해야 하므로, 사전에 수입자가 대외무역 권한을 가진 기업인지 여부를 철저하게 확인해야 한다. 또 한국에서 생산한 제품이라 하더라도, 중국으로 수출한 뒤에는 중국의 제조물책임법의 적용을 받게 되므로 중국 현지법에 대해 상세히 알아볼 필요가 있다.

실제 계약서를 작성할 때는 첫째로는 계약주체(당사자)·객체(목적물, 대상물)·계약이행 주요내용·권리와 의무·사실관계 보증·비밀유지·위약책임·손해배상·면책·분쟁 예방 및 분쟁 해결·계약기간(효력) 등을 명시해야 한다.

둘째로는 품명·품질·사양·수량·중량·가격·포장조건·원산지 등 물품에 관한 사항을 구체적으로 기재해야 이로 인한 분쟁을 최대한 방지할 수 있다. 특히 장기간 계속해서 물품을 수출하는 경우에는 월별 또는 연도별 최소공급량을 구분해서 적어야 한다.

셋째로는 대금결제조건 · 선적조건 · 보험조건 · 클레임 해결방안에 대해 확실히 기재하여야 한다.

수출업무상 편의를 위해 선적일자 등 선적서류 내용을 수정하지 않고, 구두합의에 의존하는 경우가 많은데 그럴 경우 낭패를 당할 수도 있다. 선적서류상의 기재내용과 불일치하다는 이유로 대금지급에 관한 분쟁이 생길 수 있기 때문이다.

첫 수출 대금은 선결제 100%
두 번째부터는?

—

의욕이 넘치는 수출업체들 중에는 간혹 상품을 보내는 데만 신경 썼지 대금결제 조건에 대해서는 너무 쉽게 생각하는 경우가 있다. 무척 안타까운 일이자, 업체 입장에서 위험한 일이다.

기본적으로 돈을 안주면 상품을 보내지 않겠다는 생각을 가져야 한다. 수입업체가 40ft 컨테이너 한 개 물량을 떼어먹는다는 것은 웬만한 중소기업의 일 년 수익을 날리는 것이나 마찬가지다.

처음 선적할 때는 결제대금을 100% 보내준 뒤 그 다음부터는 결제대금의 일부만 주면서 한 컨테이너, 두 컨테이너 더 보내 달라 하는 식으로 양을 늘려감으로써 수출자를 옭아매는 '갑'질을 당하게 되는 사례도 비일비재하다.

또한 정식계약을 맺지도 않은 상태에서 샘플을 보내달라고 요청해놓고는 비슷한 상품을 만드는 다른 업체에 찾아가 또 샘플수출을 제안하는 얌체 업체들도 있다. 실제로 이 업체에 이메일 넣고, 저 업체에 이메일 넣고 해서 수출하겠다는 업체들이 연락해오면 상품만 먼저 받은 다음 제대로 판매도 하지 않은 채 다음 물량을 보내라고 하는 경우도 있다. 또 중국의 경소상(经销商)들이 무역관련 기관이나 협회 · 지자체의 상담회에 참가해서는 마치 대상(大商)인 것처럼 행세하면서 다 팔아주겠다는 식으로 수출업체를 현혹해 샘플만 챙겨간 경우도 있다.

수출을 진행하기 앞서서 바이어의 신용도를 반드시 조사해야 하는 이유다.

aT · 코트라 · 한국수출보험공사 등의 현지 사무소에 해외기업 신용조사를 의뢰하여 수입업체를 검증하는 것이 대안이 될 것이다.

클레임 발생 시
중재 제도 활용이 유리

—

계약서는 클레임이 발생한 경우에 해결의 기준이 된다. 그러려면 수출업체에 유리하게 작성하는 것이 중요한데, 자체계약서를 준비해 계약 시 먼저 제시하는 것이 효과적이다.

계약서를 스스로 작성하기 어렵다면 대한상사중재원(www.kcab.or.kr)에서 각종 표준형 계약서와 맞춤형 계약서를 제공받을 수 있으므로 참고하는 것이 좋다. 한국무역협회도 회원사에 한해 홈페이지(www.

kita.net)에서 수출입계약서를 제공하고 있다.

계약서에 대한상사중재원 중재에 대한 내용을 명시하면 클레임 문제가 발생했을 때 외국법원에 소송할 필요 없이 대한상사중재원의 중재판정으로 세계 150여 개국에서 동일한 혜택을 받을 수 있다.

당사자가 분쟁을 중재로 해결하기로 합의한 경우(중재합의) 해당 분쟁을 법원의 재판이 아닌 중재인의 판정에 의하여 최종 해결하게 되는데 이때의 중재판정은 분쟁 당사자간에 있어서는 법원의 확정 판결과 동일한 효력이 있다.

다시 말하면 판정에 불만이 있어도 재판처럼 2심 또는 3심 등 항소절차를 가질 수 없으며, '확정 판결과 동일한 효력'이라 함은 불복신청을 할 수 없기 때문에 당사자에게 최종적 판단으로 구속력을 갖는다는 뜻이다.

대한상사중재원에 따르면, 소송은 평균 대법원까지 2~3년이 걸리지만, 중재는 국내중재가 약 5개월, 국제중재가 약 7개월 정도 소요된다고 한다. 또한 당사자가 신속절차에 의하여 중재를 진행하기로 합의하는 경우 2~3개월 내에도 분쟁해결이 가능하다고 한다.

중재판정은 국제적으로는 '외국중재판정의 승인 및 집행에 관한 UN협약'(The United Nations Convention on the Recognition and Enforcement of Foreign Arbitral Awards : 약칭으로 'New York협약'이라 한다. 1958년 채택, 1973년 한국 가입)에 의하여 국제적 효력을 인정받고 있다. 이 협약에 따라 우리나라에서 내려진 중재판정이 외국에서도 승인 · 집행 되며, 반대로 외국에서 내려진 중재판정 역시 우리나라에서도 승인되고 집행이 보장된다고 한다.

4

수출 대금결제와
무역보험 활용하기

대금결제는 수출의 마지막 단계이자 수출을 하고자 하는 최종 목적이다. 대금결제가 원만히 이뤄져야 수출이 완료되었다고 말할 수 있을 것이다.

수출로 인한 수익은 업체가 수출을 하는 가장 큰 이유인 동시에 업체가 수출을 계속할 수 있는 원동력이기도 하다. 그렇기 때문에 수출하는 업체들은 대금 결제에 가장 큰 관심이 갈 수밖에 없을 것이다.

따라서 수출업체들이 대금결제 부분에서 안심하면서 일을 처리할 수 있도록 지원해 주는 제도가 필요한데, 그것이 무역보험 제도이다.

그러나 이런 좋은 제도가 있음에도 우리 수출업체들이 잘 모를 수도 있을 것 같아 무역보험 제도를 소개하고자 한다.

정상적인 대금결제 필수
수입업체는 T/T선호

–

일반적인 대금결제 방식의 종류로는 송금 방식(T/T), 신용장 방식(L/C), 추심 방식(D/P)이 있다.

이중 중국에서 가장 선호하는 결제방식은 송금방식(T/T)인데, 송금방식은 '사전 송금방식'과 '사후 송금방식'으로 나뉜다.

사전 송금방식은 먼저 중국 수입업체가 자신의 거래은행에 대금을 지급하고, 수입업체 거래은행에서 수출업체 거래은행으로 대금을 지급하면, 수출업체 거래은행이 수출업체에게 대금을 지급하는 방식이다.

그리고 나서 수출업체가 물품을 보내면 수입업체가 물품을 인수하는 방식이다. 사후 송금방식은 수출업체가 상품을 먼저 보내 수입업체가 물품을 인수한 다음, 수입업체가 자신의 거래은행에 대금을 지급하고 여기서 수출업체 거래은행으로 대금지급이 이뤄진 뒤 수출업체에 대금이 지급되는 방식이다.

신용장 방식(L/C)은 수입업체가 거래은행에 신용장 개설을 요청하면 수입업체 거래은행과 수출업체 거래은행 간 신용장이 개설되고, 수출업체 거래은행에서는 신용장 도착통지를 한다.

그 다음 선적과 B/L발급이 이뤄지고 수출업체는 은행에 서류를 보내 은행으로부터 대금을 수령하는 데 이 행위를 네고(Nego)라고 한다. 서류로 은행에 매입 대금을 수령하는 Nego 행위의 모든 기준은 신용장에 준한다. 따라서 모든 수출 업체는 Nego 서류 작성시 신용장을 면밀히 검토하고 신용장 기준에 부합되도록 서류를 작성하여야 한다.

만일 그 기준에 부합치 않을 경우 은행은 지급거절(Unpaid) 할 수 있으니 이 부분은 아무리 강조해도 지나침이 없을 것이다. 이때 신용장은 일종의 구매확인서 역할을 한다.

추심 방식(D/P)은 수출업체가 물품선적과 B/L 발급 후 수출업체 거래은행에 관련서류를 제출하면, 수출업체 거래은행에서 수입업체 거래은행으로 서류를 보내고 이에 따라 수입업체가 거래은행에 대금을 지급한 뒤 서류를 받게 된다.

그리고 나서 선사에 B/L을 제시해 물품을 인수받는다. 이후 수입업체 거래은행에서 수출업체 거래은행으로 대금을 지급한 뒤 수출업체가 대금을 받는 방식이다.

반드시 대금부터 받고
상품을 보낼 것

—

이 세 가지 대금결제 방식 중 수출업체 입장에서는 L/C나 D/P 방식이 은행을 통하기 때문에 가장 안전하다고 말한다. 하지만 수입업체 측에서는 세원이 노출된다는 이유로 선호하지 않는다고 한다. 세원이 노출되면 수입업체 입장에서는 세금을 많이 내야하고, 그러면 소비자 가격이 높아져 결과적으로 상품이 덜 팔리게 된다는 논리일 것이다.

그래서 많이 이용하는 방식이 T/T방식으로, 이 가운데 사전송금이나 사후송금이냐는 두 회사의 계약내용에 따라 달라질 수 있다.

필자가 만난 한 무역업체 관계자에 따르면 요즘은 거의 100% T/T조건을 이용하고 있어서, 대금결제는 전적으로 양국 업체 간의 문제다.

또한 T/T 방식에서는 은행이 관여하지 않기 때문에 담보할 수 있는 것이 없으며, 업체 간 신뢰를 바탕으로 해야 한다.

물론 처음 중국수출을 추진하는 업체가 중국 업체를 100% 신뢰한다는 건 어불성설일 수도 있겠다. 하지만 수출을 성사시키기 위해서는 수입업체의 요구를 어느 정도 들어줄 수밖에 없다고 수출업체들은 입을 모은다.

그나마 대비할 수 있는 방법은 상품을 보내기 전에 최대한 대금을 받는 방법뿐이라고 말한다. 예를 들어 선금을 50% 받고 나서 상품을 보낸다든지 하는 식이다.

하지만 이를 악용하는 경우도 있다.

필자가 업체로부터 직접 들어본 사례로는, 처음에는 100% 결제를 해줘 더 많은 물량을 보내게 한 다음, 선 결제율을 점점 낮추는 방식으로 진행하여 수출업체들이 불안한데도 울며 겨자 먹기 식으로 수출을 계속할 수밖에 없도록 만드는 경우도 있다.

수출 대금결제의 안전 장치
'무역보험'
—

대금결제에 대한 수출업체의 불안을 해소할 수 있는 대안으로 무역보험이 있다.

무역보험은 한국무역보험공사가 맡고 있는데, 농식품 수출에 적용될 수 있는 3가지 보험을 소개하고자 한다.

1. 단기수출보험(선적 후)

농식품 수출자가 수출대금의 결제기간 2년 이하의 수출계약을 체결하고 상품을 수출한 후, 수입자(L/C거래의 경우 개설은행)로부터 수출대금을 받을 수 없게 된 경우 손실을 보상받는 보험이다.

수출자가 무역보험공사에 수입자의 신용한도(등급), 즉 보험한도를 요청하면 무역보험공사가 수입자의 신용한도(보험한도)를 책정해서 통보해 준다. 이를 기준으로 무역보험에 가입하고 그 범위 내에서 물품을 수출하고, 문제발생시 한도 내에서 보상을 받는 제도이다.

신용등급은 A부터 R 등급까지로 나뉘고 있는데, A·B·C·D·E·F·G·R로 구분된다. G는 약간의 위험성이 있거나 자본잠식 상태에 가까운 수준을 의미한다. R은 위험등급이라는 의미로 보험대상에서 제외된다. F 등급 이상이 되어야 이용할 수 있는데, 보통의 기업들은 F등급을 많이 받는다고 한다.

※ 문의 : 한국무역보험공사 단기영업부(T : 1588-3884)

2. 농수산물패키지보험

이 보험 상품은 한 개의 보험으로 농수산물 수출 시 발생할 수 있는 대금 미회수, 수입국 검역, 클레임 위험 등 3가지 위험을 한 번에 보장하는 상품이라고 해서 패키지 보험이라고 명명한 것 같다.

위험별 보험한도를 업체가 자유롭게 선택이 가능하며, 대상품목은 농림축수산물과 그 가공식품이다.

대금미회수 위험을 기본계약으로 하며, 1억 원부터 3억 원까지 보상받을 수 있다. 선택계약 사항으로 검역위험과 클레임비용 위험이 있는데, 검역위험은 100만 원부터 1000만 원까지, 클레임비용 위험은 1000만 원부터 5000만 원까지 보상받을 수 있다. 이 보험 상품은 수입자 신용조사가 생략되어 빠른 가입이 가능한 장점이 있으나 책임한도가 3억 원으로 제한된 단점도 있다.

3. 환변동보험

수출하는 과정에서 발생할 수 있는 환차손익을 사전에 원화로 확정시킴으로서 환율변동에 따른 위험을 피해가기(Hedge) 위한 상품이다.

환율하락시 손실을 보상받고 환율상승시 이익금을 반납하는 일반형 상품과, 환율상승시 환차이익금 납부를 면제하고 환율하락시에는 하락분의 일정수준이나 전액을 보상받는 옵션형 상품이 있다.

수출대금 결제 시점의 환율을 고정하여 환율변동 위험에 대비하기 위한 취지다.

보험료는
정부에서 지원

−

물론, 사고시 보상을 받는 보험이기 때문에 업체가 보험료를 내야 한다. 우리가 자동차 보험을 드는 것과 같다고 보면 된다. 자동차 사고시 보험 보상을 받기 위해서는 소정의 보험료를 내듯이 수출 후 문제가 발생 했을 때 보상을 받기 위해서는 보험료를 내야 하지만, 농수산식품의 수출을 장려한다는 취지에서 보험료의 90%까지 정부에서 지원해 주기 때문에 수출업체의 부담은 거의 없는 편이다.

농식품의 경우에는 aT에서 보험료를 지원하고 있으며, 수산품의 경우는 한국수산무역협회가 지원하고 있다. 2016년의 경우 업체당 최대 3000만 원까지 지원이 됐다고 한다.

예를 들어, A라는 업체가 무역보험에 가입했다면 약속했던 기간까지 대금결제가 안 이루어졌을 경우에 무역보험공사가 대금을 대신 결제해 줄 수 있다. 그리고 나서 무역공사 측이 채권을 양도해 가게 된다.

이때 중국 업체에 대해서는 채권 추심할 것이 부동산, 예금밖에 없다고 한다. 중국은 해마다 5월에 세무신고를 하도록 되어 있는데, 이 세무신고한 내용을 기준삼아 추심을 한다. 필자가 듣기로 연간 수출보험의 사고금액이 상당한 수준이라 하니, 중소기업 입장에서는 걱정을 덜고 수출할 수 있는 이런 제도가 더욱 고맙게 느껴진다.

더욱이 요즘은 전화 한 통 할 필요 없이 수출자와 수입자 간에 서면 계약체결 없이 전자우편(이메일) 주문서 하나로 수출입 거래가 끝나는 경우도 많다. 계약서가 복잡하면 향후에 문제가 생겼을 때 해결하는 것도 그 만큼 복잡해진다는 인식 때문일 것으로 생각된다. 갈수록 간소화되는 수출절차에서 확실한 대금결제를 받기 위해서라도 무역보험은 반드시 이용할 필요가 있다는 생각이다.

5

농식품 수출 지원 제도
활용하기

"

    농식품을 수출하기 위해서는 경쟁력 있는 상품을 개발하고 타깃시장에 맞춰 리모델링하는 것 외에도 바이어를 찾고 수출에 필요한 서류와 절차를 갖추는 등 해야 할 일이 많다. 여기에는 시간과 비용은 물론이고 전문가의 자문도 필요하다. 중소규모의 수출업체가 이를 모두 감당하기에는 어렵고 부담스러울 수 있다.

    이에 정부(농림축산식품부, 해양수산부)와 지방자치단체가 나서서 여러 가지 수출 지원제도를 시행하고 있다. 정부의 농식품 수출관련 지원사업 중 농림축산식품부 소관은 대부분 aT(한국농수산식품유통공사)에서, 해양수산부 소관은 수협·한국수산무역협회에서 담당하고 있다. 다양한 지원사업이 있음에도 농식품 수출업체들이 그 내용을 잘 모르고 있는 듯 하여 개괄적이나마 소개한다.

1. 농림축산식품부(aT) 소관사항

▶ 개별 브랜드 지원사업

개별 브랜드를 글로벌 스타 브랜드로 육성하기 위해 지원하는 제도이며, 농축산물 및 가공식품 수출업체가 지원 대상이다. 전년도 기준 수출실적이 있는 가공식품과 신선농산물(딸기·장미·사과·버섯류·토마토·김치·인삼·파프리카·단감·배·백합·국화·닭고기·오리고기)이 대상이다. 가공식품은 총사업비의 50%, 신선농산물은 총사업비의 80%를, 최대 1억 3천만 원까지 지원한다.

절차는 매년 2월 모집공고→3월 선정→3월 약정체결→연중 사업추진 및 점검→12월정산 평가로 이어진다.

▶ 라벨링(현지화) 지원사업

농수산식품 수출시 필수적인 라벨링 제작 및 등록을 지원하는 사업이며, 식품 수출업체나 수출을 겸하는 제조업체가 대상이다. 농식품은 소요비용의 90%, 수산품은 70%를 업체당 최대 연간 5백만 원까지 지원하며 수시로 신청을 받고 있다.

▶ 농식품 해외 인증제도 등록 지원

특정국가로의 수출시 필요한 인증 등록에 필요한 비용을 지원함으로서 신규 수출시장 개척을 도모하기 위한 제도이다. 인증지원제도는 할랄인증, 러시아 GOST-R, CU인증, 코셔인증, 미국FDA인증, 중국CFDA등록, Gloval Gap 등이다. 해외인증 취득에 소요되는 비용의 90%범위 내에서 할랄인증은 업체당 2천만 원, 기타 인증은 1천만 원까지 지원된다. 매년 3월 지원서 제출→지원서 검토 및 승인→우선 자부담으로 인증취득 후 증빙제출→검토 후 aT가 비용지원

> 참고 • 할랄인증은 이슬람 율법에 따라 도살·처리·가공된 식품에만 부여되는 인증
> • GOST-R은 러시아 연방정부 인증으로, 러시아로 수출하는 모든 제품에 반드시 부착

- CU인증은 러시아·벨라루스·카자흐스탄·키르키즈스탄·아르메니아 등 5개국의 공동 인증
- 코셔인증은 유대교 율법에 따라 생산된 식재료에 부여하는 인증
- 글로벌 GAP는 국제 우수농산물 인증. 상주 포도, 나주 배 등이 획득했음

▶ 농식품 해외박람회 참가지원

우리 농식품을 해외시장에 홍보하고 바이어를 찾을 수 있는 가장 효율적인 수단이 해외박람회인데, aT에서는 수출업체가 해외박람회에 참가해 홍보마케팅을 펼칠 수 있도록 지원하고 있다. 주요 해외식품박람회별로 국내의 우수 농식품 생산 및 수출업체를 대상으로 참가업체를 모집해 국가관 형태로 참가하도록 하고, 전시부스 임차비와 내부장치 비용 등을 지원해 준다.

지금까지는 매년 2월과 10월에 모집공고를 하고 있으나 앞으로는 홈페이지를 통해 연중 참가업체를 모집할 예정이다. 또한 정부나 유관기관이 주도해서 참가하

▼ 해외 박람회에 참가 중인 농협 홍보관

지 않는 해외박람회라고 해도 업체가 개별참가를 원할 경우 임차비·장치비 등 참가에 소요되는 비용을 지원받을 수도 있다.

▶ 해외 판촉행사 지원

해외 대형유통매장에서 진행하는 판촉행사에 대해서도 최대 3천만 원 한도 내에서 업체당 2회까지 운영비 지원이 이뤄지고 있다. 농식품의 경우 해외 소비자가 직접 먹어보도록 하는 시식행사가 무척 중요한데, 시식회를 겸한 홍보와 판촉에 드는 비용을 지원받는 것이다. 이를 활용하면 수출업체가 보다 적극적으로 해외 판촉활동을 할 수 있을 것이다. 최근에는 신규시장 개척이나 시장진입 가능성을 살펴보려는 목적으로 해외 곳곳에 안테나숍을 만들어서 운영하고 있는데, 이런 안테나숍을 운영하려는 업체에 대해서도 운영사업비를 지원하고 있다.

▶ K-FOOD FAIR

aT는 '글로벌 K-FOOD FAIR'라는 이름으로 해외 현지에서 수출상담회 및 한국식

▼ 필자와 함께 한 2016년 베이징 식품박람회 참관단

품 수출홍보 활동을 펼치고 있다. 매년 3월에 수출업체 중에서 희망업체들을 모집하여 현지에서 자사 상품을 전시해 놓은 가운데 설명회와 함께 수출상담을 진행토록 하는 행사로서, 일반소비자를 대상으로 하는 다양한 B2C프로그램을 동시에 운영하고 있어 마켓테스트를 겸하여 참가해 볼 수 있는 사업이다.

▶ 수출정보 제공

농수산물 수출과 관련한 정보를 인터넷 사이트 농수산물무역정보(KATI.net)에서 다양하게 제공하고 있으며, 각종 간행물도 접할 수 있다. 또한 농수산물 인터넷 무역거래 알선 시스템(Agro Trade)을 통해 수출상품 해외홍보 및 해외 거래선 발굴을 지원하는 제도도 운영하고 있다.

▶ 수출상품화 사업(농산)

수출유망 상품을 발굴해서 해외시장을 개척토록 함으로서 수출 증대를 도모하기 위해 지원하는 사업. 농축산물 및 가공식품(수산품제외) 수출(제조)업체당 1품목에 대해 최대 1억 원까지 지원하고 있다. 절차는 매년 2월 모집공고→3월 업체선정→4월 약정체결→사업추진 및 점검(연중)→12월 정산·평가 순으로 이뤄진다.

▶ 농식품 수출 물류비 지원

수출업체들의 수출 물류비 부담을 덜어줌으로써 수출 확대를 도모하고자 하는 제도. 품목별로 정해진 표준 물류비의 35% 한도에서 매월 수출물량 기준에 따라

▼ aT의 K-Food fair 상품전시 및 상담회 장면

중앙정부(10%)와 지방정부(25%)가 지원하는 제도이다. 주로 신선농산물 위주로 지원되고 있으나, 가공식품도 주원료의 50%이상이 국산원료를 사용한 경우 해당된다. 단, 김치, 유자제품, 인삼제품, 녹차, 전통주 및 축산물 일부품목은 주원료가 100% 국내산일 경우에만 지원된다. 중앙정부 물류비는 등록일 기준 과거 1년간 단일부류 수출실적(FOB)이 10만달러 이상인 업체이며, 지방정부 물류비는 수출실적과 상관없이 지자체 관내에서 생산(제조)된 농식품을 수출한 업체가 해당된다. 지원절차는 aT국내의 각 지역본부를 통해 매월 7일 신청 받아 지원한다.

▶ **해외물류기반 구축사업**

고품질 농식품의 해외신규시장 개척을 확대하기 위한 냉장·냉동 물류서비스 지원 사업이다. 지원대상은 국내 수출업체와 해외바이어로서 13개국 44개 지역에서 냉장·냉동창고 보관료의 80%까지 지원하는 제도. 매월 물류업체의 청구서를 기준으로 운영실적에 대해 실비정산을 해주고 있다.

▶ **중국 콜드체인 구축사업**

냉장·냉동 식품의 중국 내륙시장 진출을 강화하기 위해 중국 내 콜드체인 시스템 활용을 지원하는 제도. 한국식품 바이어 및 수출업체의 현지 법인이 대상이다. 이용하고자 하는 업체는 매년 4월 aT 칭다오 물류센터를 통해 신청할 수 있으며, 선정된 후에는 aT가 지정하는 보관 및 지정운송업체를 통해 내륙운송을 하여야 한다. 업체별 평가 결과에 따라 1천만 원에서 4천만 원까지 지원된다.

▶ **해외 바이어 거래알선**

중소업체가 좋은 바이어를 만나는 것은 매우 중요한 일이다. 좋은 바이어를 알선해 주기 위한 하나의 방안으로 aT가 추진하고 있는 해외 바이어 거래알선(Buy Korean Food) 사업이 있다. aT해외지사가 추천한 우수 바이어를 우리나라에 초청해 대규모 수출상담회를 진행하는 것이다. 수출상담회는 짧은 시간에 최대한의 바이어와 상담할 수 있도록 2박 3일 일정으로 진행되는데, aT는 수출상담회에 참가하는 바이어의 항공료와 체재비·통역을 지원한다. 참가업체 얘기를 들어보면 사전에 매칭된 바이어와 1:1 상담이어서 실제 수출로 이어질 가능성이 높다고 한다. 중소업체에게는 무척이나 유용한 기회가 될 것이라는 생각이다.

▶ 현지화 사업

중국 현지에 지사를 두기 어려운 우리 수출 업체들에게 도움을 주기 위해 중국에 있는 aT의 각 지역 사무소나 코트라·무역협회 등에서는 현지화 사업을 추진하고 있다. 수출업체들이 직원들을 현지에 파견하여 수출시장 개척에 나서고 싶어도 비용이나 정보 확보 등에 어려움이 있는 경우 aT 등 각 지원기관이 추진하고 있는 현지화 사업(기관에 따라서 지사화 사업이라고도 함)에 참여하면 도움을 받을 수 있을 것이다.

▼ 현지화 지원사업 이용 업체 사례. 한국경제신문

▶ 샘플통관 운송비 지원

본격적인 수출에 앞서 시장반응을 확인하기 위해 진행하는 샘플수출에 대해서도 통관 및 운송비를 지원받을 수 있다. 운송비의 90%, 업체당 1천만 원 한도로 농식품을 샘플 수출할 때 소요되는 운송·통관비를 지원해주는 제도다. 매월 20일 지원신청을 받으며, aT지사에서 매월 말 취합하여 다음달 7일 이내에 지원한다.

▶ **수출보험료 지원**

수출보험에 대해서도 정부가 비용을 지원해 업체의 부담을 덜어주고 있는 제도이다. 수출보험은 수입업체가 수출업체에게 대금지급을 하지 않거나 수출과정에서 상품이 손실을 입었을 때를 대비한 것으로, 현금의 유동성이 부족하거나 법적 대비가 쉽지 않은 중소업체에게는 반드시 필요하다. 하지만 몇 백만 원을 훌쩍 넘는 보험료는 그 자체만으로도 업체에게 부담스러울 수 있다. 그래서 aT와 한국무역보험공사와의 약정에 의거 수출업체에게 '환변동보험'은 3천만 원 한도 내에서 가입보험료의 95%를, '단기수출보험'은 3천만 원 한도 내에서 가입보험료의 90%를 지원하니 중소업체들이 적극적으로 이용해 볼 만 하다.

※ 위 지원사업 내용은 다소의 변동사항이 있을 수 있으므로 자세한 사항은 aT수출애로상담실 (02-6300-1119번이나 1670-1191번)로 문의하기 바라며, 이 외에도 농식품 수출을 위해 코트라, 한국무역협회,중소기업진흥공단이나 각 지자체별로 지원제도가 있다.

2. 해양수산부 소관사항

수협중앙회

▶ 수협중앙회는 대 중국 수출을 중점적으로 지원하고 있으며, 북경, 상해, 청도, 위해에서 수산물 수출지원센터를 운영하고 있음

　－ 특히, 중국시장에 진출하는 업체를 대상으로 센터 내에 개별 사무공간 제공, 사

무용 집기·전화·인터넷 전용선 제공, 회의실 제공, 법률 및 회계 자문 등 유관기관과 연계하여 필요사항을 지원하는 '인큐베이터 입주지원 사업' 실시

▶ **중국 시장 개척단 지원**

‒ 중국으로 수산물을 수출하고 있거나 수출을 희망하는 수출기업, 수출협의회, 생산자단체 등으로 구성된 개척단을 연 2회 운영

▶ **시험 통관지원**

‒ 중국 수출에 필요한 모든 인증(수산물의 생산·가공시설 등록 등)을 보유한 수산식품 수출업체들을 대상으로 통관 제비용 100% 지원.
단, 지원품목은 일반 냉동수산물 원품을 제외한 수산제품, 선어, 활어 임

▶ **해외 앵커샵(Anchor Shop) 운영**

‒ 한국 수산식품의 중국시장 개척 및 진입 가능성 모색을 위한 샵인샵 운영비 지원

‒ 지원대상은 한국 수산식품 취급 해외 밴더 및 수입상 또는 국내 수출업체이고, 지원한도는 개소당 64백만 원이며, 운영지역은 상해 2개소, 청도 1개소, 북경 1개소, 위해 1개소, 광주 1개소임

‒ 중국 외 지역의 앵커샵 운영은 한국농수산식품유통공사(aT)에서 사업을 추진하고 있으며, 유럽 1개소, 동남아 5개소(베트남, 말레이시아, 태국 등), 호주, 대만, 중동, 중남미 등임

▶ **수산식품 수출 선도기업 육성**

‒ 고품질 수산물 수출생산·공급기반 및 해외 수출경쟁력 강화를 통해 우리나라 수산물 수출을 선도하는 글로벌 수산 수출선도기업 육성 지원

‒ 지원규모는 최대 300백만 원이며, 수산물 수출 기여도가 높고 성장 가능성이 높은 품목의 수출기업이 대상이 될 것으로 판단함

– 수출업체간 자율협력기구(수출협의회)를 구성하여 과당경쟁방지, 공동마케팅 활동 등을 지원하는 사업은 한국수산무역협회에서 지원하고 있음

▶ **수출 유망 품목 상품화사업 지원**

– 수출목적용 고부가가치 상품 개발업체를 대상으로 신규수출상품개발에 최대 200백만 원, 해외시장마켓테스트에 40백만 원을 지원하는 사업

– 이와 별개의 사업으로, 수출 유망상품 대형유통업체 연계 판촉행사를 지원하는데 개소당 지원한도는 건당 30백만 원임

▶ **해외공동 물류 지원**

– 수출 수산물의 신선·냉동·활수산물의 신선도 유지 및 물류비 지원을 위해 세계 주요 수출국 거점도시에 활수조, 냉장·냉동창고를 지정하여 운영

– 지정 물류센터 이용 시 이용실적에 따라 창고이용료 및 내륙운송비 80%를 지원

▶ **수출수산물 통관지원**

– 수출 수산식품 라벨링 등록 및 검사검역 진입절차를 지원하는 사업으로, 대

▼ 중국 칭다오에 설치 운영 중인 한국수산품 전문점(앵커샵, Anchor Shop)

상지역은 중화권의 경우 베이징, 상하이, 칭다오, 청뚜, 홍콩이며, 일본은

도쿄와 오사카, 미국은 뉴욕과 LA, 동남아는 하노이 자카르타, 방콕, 중동은

아부다비임

※ 방한관광객대상홍보관 운영 : 신라면세점(용산)

한국해양수산개발원, KMI

▶ 한국해양수산개발원이 운영하는 '수산물수출정보포털(www.kfishinfo.net)'에

서 각종 수출 정보를 제공 받을 수 있음

　－ 수출중점 대상국 시장조사 및 분석자료 제공

　－ 수산물 수출 현안별 심층 분석 자료 제공

　－ 수산물 수출 동향 분석(주, 월, 분기)

　－ 국가별·품목별 수출 통계(생산, 교역, 소비, 관세율 등)

　－ 수출촉진을 위한 각종 지원제도 및 공지사항 제공

　－ 각종 수산물 관련 행사 및 교육일정 공지 등

▼ 중국 상해의 국제식품전시회장에 마련된 한국수산식품 홍보관, 한국수산식품을 맛 보려고 줄지어선 관객들

※ 정보자료를 메일로 받고자 하는 경우 해외시장분석센터(K-Fish Infomation Center)에 등록하면 가능(TEL 1644-6419, E-mail : kfic@kmi.re.kr)

한국수산무역협회

▶ **박람회 참가 지원**

- 국제 수산전문박람회 참가업체에 대해 부스입차비, 장치비, 기본 비품임차비, 추가비품임차비, 운송통관비, 통역비를 지원

- 중국의 상해박람회와 중국국제어업박람회 참가는 수협중앙회에서 지원

- 주요 해외 식품박람회 참가는 aT(한국농수산식품유통공사)에서 지원

▶ **수출보험 지원**

- 대외경제 불안정으로 인한 환리스크 최소화 등을 위해 수출보험을 지원

- 환변동 보험료 : 부분보장형 옵션, 완전보장형 옵션 가입비

- 단체보험 : 중소중견 plus 단체보험 가입비

- 단기수출보험 : 선적 후 및 농수산물패키지 가입비

- 수출신용보증(선적 전) : 신용보증료 가입비

- 국외기업 신용조사 서비스 : 신용조사 수수료

▶ **국제인증 취득 지원**

- 국내외에서 요구하는 인증 취득 지원을 통한 우량제품 생산으로 사전에 비관세 장벽에 대비하는 지원사업임

- 업체 당 수산식품 수출에 필요한 각종 인증 취득을 위하여 소요되는 비용 중 업체당 20백만 원 이내 지원

※위의 수산수출사업 지원 내용은 현재와 다를 수 있으므로 자세한 사항은 수협중앙회(02-2240-0110)나, 한국수산무역협회(02-6300-8901번)로 문의 바람

정운용의 한국 농식품 중국 진출기

生우유를
수출하다니요?

인쇄일 2017년 2월 14일
발행일 2017년 2월 16일

지은이 정운용
펴낸이 이상욱

기획제작 류준걸 이병래 황의성
디자인&인쇄 지오커뮤니케이션

펴 낸 곳 (사)농민신문사
출판등록 제25100-2015-00010호
주　소 서울시 강동구 고덕로 262
홈페이지 http://www.nongmin.com
전화 02-3703-6136 **| 팩스** 02-3703-6213

ISBN : 978-89-7947-161-8(03300)
잘못된 책은 바꾸어 드립니다. 책값은 뒤표지에 있습니다.

이 도서의 국립중앙도서관 출판예정도서목록(CIP)은 서지정보유통지원시스템 홈페이지(http://seoji.nl.go.kr)와 국가
자료공동목록시스템(http://www.nl.go.kr/kolisnet)에서 이용하실 수 있습니다. (CIP제어번호 : CIP2017003792)